U0120565

新时代 榜样科学家

主编◎黄庆桥

编者◎李 智 杜 梅 曹 原

刘 铮 侯捷飞 兰妙苗

教育部『高校网络教育名师培育支持计划』项目

上海市马克思主义理论教学研究『中青年拔尖人才』项目

上海交通大学『网络教育名师工作室』项目

上海交通大学出版社

SHANGHAI JIAO TONG UNIVERSITY PRESS

内容提要

本书以 2019 年 9 月 29 日中华人民共和国国家勋章和国家荣誉称号颁授仪式上授予的 5 位"共和国勋章"科学家、5 位"人民科学家"国家荣誉称号获得者以及 2020 年全国抗击新冠肺炎疫情表彰大会上获得"共和国勋章"的钟南山院士为书写对象,集中展示他们的成长成才历程、科学成就、杰出贡献、爱国精神、高尚品德、大家风范等。每个主题力求史实准确,言简意赅,兼具思想性与可读性。本书主题鲜明、通俗易懂,充满正能量,是进行爱国主义教育的生动读本。

图书在版编目(CIP)数据

新时代榜样科学家/黄庆桥主编.—上海:
上海交通大学出版社,2022.7(2022.9 重印)
　ISBN 978 - 7 - 313 - 25852 - 6

　Ⅰ.①新…　Ⅱ.①黄…　Ⅲ.①科学家-列传-中国-现代　Ⅳ.①K826.1

中国版本图书馆 CIP 数据核字(2022)第 058509 号

新时代榜样科学家
XINSHIDAI BANGYANG KEXUEJIA

主　　编:黄庆桥
出版发行:上海交通大学出版社　　　　地　　址:上海市番禺路 951 号
邮政编码:200030　　　　　　　　　　电　　话:021 - 64071208
印　　制:上海盛通时代印刷有限公司　经　　销:全国新华书店
开　　本:880mm×1230mm　1/32　　印　　张:8.25
字　　数:163 千字
版　　次:2022 年 7 月第 1 版　　　　　印　　次:2022 年 9 月第 2 次印刷
书　　号:ISBN 978 - 7 - 313 - 25852 - 6
定　　价:58.00 元

序

Foreword

习近平总书记指出，"在中华民族伟大复兴的征程上，一代又一代科学家心系祖国和人民，不畏艰难，无私奉献，为科学技术进步、人民生活改善、中华民族发展作出了重大贡献……新时代更需要继续发扬以爱国主义为底色的科学家精神"。近年来，习近平总书记多次提到科学家精神，对科学家精神的丰富内涵作出了深刻论述，对在全社会大力弘扬科学家精神提出了明确要求。

当今世界正面临百年未有之大变局，实现高水平科技自立自强、建设世界科技强国的奋斗目标已经明晰，这为新时代高校的人才培养和科学研究指明了方向。上海交通大学曾培育出钱学森、吴文俊、徐光宪、王振义、黄旭华、顾诵芬等一大批顶尖科学家，数十万交大人为国家科技事业发展作出了杰出贡献，他们所展现出来的科学家精神是上海交通大学的宝贵财富。当前，学校正围绕国家战略强化科技力量，奋力做出更多原创性科研成果，破解更多"卡脖子"技术难题，培养更多德才兼备的创新型人才。大力弘扬科学家精神,将科学家精神融入新时代思想政治教育全过程,是上海交通大学的责任和使命。

2021年全国两会期间,习近平总书记亲切看望参加全国政协会议的医药卫生界、教育界委员,上海交通大学校长林忠钦院士关于学校"大思政课"的发言得到习近平总书记回应。习近平总书记指出,"大思政课"我们要善用之,一定要跟现实结合起来。习近平总书记的重要指示为思想政治工作和思政课教育教学提出了更高的要求,开拓了更广的视野、更新的思路。

上海交通大学牢记习近平总书记的嘱托,将科学家精神融入"大思政课",让思政课讲得更有深度、更有温度、更有力度,让青年学子真切感受到老一辈科学家艰苦奋斗、无私奉献、锐意进取、勇攀高峰的科学精神,引导他们厚植爱国主义情怀,把个人理想和国家命运、民族复兴紧密结合,努力成为德智体美劳全面发展的社会主义建设者和接班人。通过将科学家精神融入"大思政课",学校初步探索出了深入实践"大思政课要善用之"的具有交大特色的有效途径和多元载体。

科学家精神不仅具有理论形态,同时也体现在现实社会中鲜活生动的案例和故事之中。将科学家精神及其背后的鲜活事例和人物故事及时融入教材,通过讲好新时代榜样科学家的故事、彰显中国特色社会主义制度优势,能够有效提升思政课的针对性和说服力。上海交通大学思政课教师在教育教学实践中不断探索,形成了丰富的教学素材和案例库,这本《新时代榜样科学家》就是这个教育教学实践探索的成果之一,书中的每一位科学家都是老师们在教学中常常引用的生动案例,他们是新时代榜样科学家,既是"国士",又是"师者",他们身上所展现出来的崇高精神和大家风范,为青年学子树立了标杆。新时代榜样科学家既是历史的见证,又是时代的缩影,每一位都是丰碑、都是宝库,不是一本书能够书写完的。希望本书的编写者们心怀敬畏之心,不断深化对新时代榜样科学家的研究,为弘扬科学家精神作出交大人应有的努力。

上海交通大学党委书记 杨振斌

2022 年 6 月 5 日

序

前 言

习近平总书记指出，"科学成就离不开精神支撑。科学家精神是科技工作者在长期科学实践中积累的宝贵精神财富。新中国成立以来，广大科技工作者在祖国大地上树立起一座座科技创新的丰碑，也铸就了独特的精神气质"。2019年5月，中共中央办公厅、国务院办公厅印发《关于进一步弘扬科学家精神加强作风和学风建设的意见》，对自觉践行、大力弘扬新时代科学家精神作出部署，要求大力弘扬胸怀祖国、服务人民的爱国精神，勇攀高峰、敢为人先的创新精神，追求真理、严谨治学的求实精神，淡泊名利、潜心研究的奉献精神，集智攻关、团结协作的协同精神，甘为人梯、奖掖后学的育人精神。新时代科学家精神，既有在漫长科学发展史中积淀下来的一般规律、基本方法、原则规训，又强调社会责任、人文关怀等价值维度，体现了科学规律、价值导向、人文情怀的统一。

"历史从哪里开始，精神就从哪里产生。"科学家精神不是抽象的教条,而是具体的、鲜活的、生动的,体现在一代又一代科学家接力"科学救国""科学报国""科学强国"的历史实践中。新中国成立以来,我国科技事业发展取得了历史性伟大成就,这是一代又一代矢志报国的科学家前赴后继、接续奋斗的结果。他们不忘初心、牢记使命,秉持国家利益和人民利益至上,主动肩负起历史重任,把自己的科学理想、科学追求融入建设社会主义现代化国家的伟大事业中。正是在这一伟大历史进程中,铸就了中国科学家独特的精神气质。

党的十八大以来,以习近平同志为核心的党中央坚持创新在我国现代化建设全局中的核心地位,把科技自立自强作为国家发展的战略支撑,高度关心关怀科学家群体。习近平总书记指出:"中国要强盛、要复兴,就一定要大力发展科学技术,努力成为世界主要科学中心和创新高地。"他强调:"在中华民族伟大复兴的征程上,一代又一代科学家心系祖国和人民,不畏艰难,无私奉献,为科学技术进步、人民生活改善、中华民族发展作出了重大贡献。新时代更需要继承发扬以国家民族命运为己任的爱国主义精神,更需要继续发扬以爱国主义为底色的科学家精神。"这些重要论述,体现了党中央对科学家群体的高度肯定和殷切期望,体现了大力弘扬科学家精神的现实意义和根本遵循。

2019年9月29日,中华人民共和国国家勋章和国家荣誉称号颁授仪式在人民大会堂隆重举行。习近平总书记向国家勋章和国家荣誉称号获得者颁授勋章奖章并发表重要讲话。"共和国勋章"获得者中有5位科学家,他们是于敏、孙家栋、袁隆平、黄旭华、屠呦呦;在国家荣誉称号获得者中,叶培建、吴文俊、南仁东(满族)、顾方舟、程开甲被授予"人民科学家"国家荣誉称号。2020年9月8日,在全国抗击新冠肺炎疫情表彰大会上,习近平总书记向钟南山颁授"共和国勋章"奖章。这些荣获"共和国勋章"和"人民科学家"国家荣誉称号的科学家,是我国广大科技工作者的杰出代表,是新时代榜样科学家,是新时代科学家精神的诠释者、践行者和传播者。

"崇尚英雄才会产生英雄,争做英雄才能英雄辈出。"新时代榜样科学家就是我国科技战线上的英雄,是各行各业特别是广大青少年学习的榜样,是全社会要追的"星"。本书就是以这些新时代榜样科学家为书写对象,挖掘并展示他们的成长成才历程、科学成就、杰出贡献、爱国精神、高尚品德、大家风范,用真实的案例说话,通过讲故事来讲道理,以故事打动人,让故事所反映的价值观直抵人心,生动而深刻地诠释新时代科学家精神,让新时代榜样科学家走近大众,让新时代科学家精神深入人心、扎根人心。

在编写本书的过程中,我们深感这些新时代榜样科学家经历丰富、贡献卓著,精神品格可歌可泣。限于资料获取的局限和我们学识的不足,书中的疏漏甚至错误之处难以避免。我们将怀着敬畏之心,继续深入学习、研究,在实践中大力弘扬新时代榜样科学家精神。

黄庆桥

2021年8月

于上海交通大学闵行校区

目 录

Contents

于敏：

身为一叶无轻重　愿将一生献宏谋

于敏，中国工程物理研究院原副院长、研究员、高级科学顾问，中国科学院院士，中国著名核物理学家。在中国氢弹原理突破中解决了一系列基础问题，提出了从原理到构形基本完整的设想，起了关键作用。此后长期领导核武器理论研究、设计，解决了大量理论问题。对中国核武器进一步发展到国际先进水平作出了重要贡献，被誉为"中国氢弹之父"。1982 年获国家自然科学奖一等奖，1985 年、1987 年和 1989 年三次获国家科学技术进步奖特等奖，1999 年被国家授予"两弹一星"功勋奖章。2015 年获 2014 年度国家最高科学技术奖。2018 年 12 月 18 日，荣获党中央、国务院授予的改革先锋称号、改革先锋奖章，并获评"国防科技事业改革发展的重要推动者"。2019 年 9 月 17 日，国家主席习近平签署主席令，授予于敏"共和国勋章"。

历史的天空风云变幻，岁月的江河奔流浩荡。唯一不变的是，中华大地上总有殷殷志士愿为民族负重前行，总会涌现出一批丹心赤子甘为国家鞠躬尽瘁。在中国，有这样一位科学家,他曾经"隐身"达30年之久,直到1988年,他的名字才得以解禁。但即使在解禁后,终其一生,在正式的公众场合"抛头露面",他也只有两次:一次是1999年9月18日,在中央军委表彰为研制"两弹一星"作出突出贡献的科技专家大会上,他第一个被授予"两弹一星"功勋奖章,并代表科学家发言;另一次就是在2015年1月9日,他从习近平总书记手中接过了当年唯一的国家最高科学技术奖获奖证书。他就是被誉为"中国氢弹之父","两弹一星"功勋奖章、国家最高科学技术奖、改革先锋奖章获得者于敏。

少尝苦难,备历艰辛

　　1926年8月16日,于敏出生于河北省宁河县芦台镇(今属天津市)。父亲于振霄是一名小职员。母亲也来自普通百姓家庭,不识文墨。于敏在家中排行老二,他的姐姐和弟弟、妹妹都先后夭折了。父亲刚开始给他起名于慜,字敏之。后来于敏长大后觉得那个"慜"字太怪,干脆将名和字合二为一,将"心"字底和"之"字都去掉,自行改名为"敏",于是名字就从"于慜"变成了"于敏"。于敏三岁时,祖父就去世了,全家靠他父亲和叔父的薪水维持生活,家境算不上宽裕。搬到天津以后,叔父随国民党军队开拔到抗战的大后方,断了联系,全家只能靠父亲一个人的薪水过活,家境越来越艰难。于敏的青少年时代是在抗日战争时期的沦陷区度过的,童年的屈辱生活给他留下了惨痛的记忆。幼年的于敏,为了躲避呼啸而过的子弹,经常与比他大三岁的姐姐一起钻到炕底下去。上小学时，他就非常喜欢读书，阅读了四大名著等中国传统古典小说，非常崇拜书中的爱国将领和英雄人物。他喜欢《三国演义》中的恢宏场面，喜欢诸葛亮的足智多谋、指挥若定以及鞠躬尽瘁、死而后已的精神；喜欢岳飞、杨家将的精忠报国，钦佩林则徐的禁烟壮举和凛然正气。他喜欢阅读一些有关中国历史的史书，发现中国古代的历史是一部充斥着外族入侵和抗御外侮的历史。于敏虽然不能像古代的英雄人物那样叱咤风云、驰骋疆场，但是他相信，总会有诸葛亮、杨家将和岳飞式的盖世英雄出来平定内乱、消灭日寇、复兴中华。他一方面从书中得到了极大的安慰和鼓舞；另一方面他也被这些人物的爱国主义精神和聪明智慧深深感动，从中得到了许多启迪。面对自己家境贫寒的境况与风雨飘摇的旧中国，他无时无刻不在思考自己该做些什么。最终他想明白了，也下定决心，只有努力奋斗，认真读书，学好本领，才能救弱国于累卵之危，助穷家免饥羸之困，自己才能有前途和希望。那么，学什么本领好呢？于敏觉得自己性格内向，不喜欢交际，喜静不喜动，喜欢动脑子不喜欢动手，这样的性格从事科学研究，走科学救国的道路比较合适。可以说，科学救国是于敏少年时代就立下的志向，从此他毕生坚守，从不动摇，一直为实现自己的理想抱负不懈奋斗。用他自己的话来说，自己"科学救国"的思想是根深蒂固的。

上中学时，于敏在天津经常耳闻目睹日军烧杀抢掠，涂炭生灵，他对此十分气愤。他参加抗日游击队的表叔也被日军杀害了，这使他从小就具有强烈的爱国主义情怀，深深地体会到了被人侵略奴役的屈辱滋味。于敏从呱呱坠地，到牙

于敏：身为一叶无轻重 愿将一生献宏谋

牙学语、学走路，再到上小学和中学，历经了军阀战乱、抗日战争两个历史阶段，整个少年时代都是在战乱中度过的。这样的社会背景使他忧愤郁结于胸，产生了强烈的爱国情怀。上中学时，他有一次险些命丧日军之手。那年夏天，刚刚学会骑自行车的于敏，在沿着一道防汛堤坝前行时，对面一辆日军的汽车故意飞快地直冲他开过来。幸亏他当时急中生智，斜着骑上了堤坝，才躲过了这场灾难。这使年幼的他更加坚定了学习报国的志愿。

于敏从小学六年级开始就被强制学习日语，一直到大学一年级，整整学了 8 年。每次考试他都是勉强应付过去，考完试后就完全置诸脑后了。他当时的日语成绩是全班最差的，甚至直到晚年，他也还是只记得片假名和最简单的几个单词和用语。当然，他之所以学不好日语，是因为他从心底里根本就不愿意学。从小耳闻目睹日军惨无人道的暴行，使他对日本军国主义恨之入骨，对日语特别反感。从小对日本侵略者有刻骨铭心的仇恨，他的这种抵触情绪根深蒂固。晚年的于敏在谈起自己的日语学习时，觉得 8 年时间自己竟然因为感情用事没有学好日语，多少有些后悔。

于敏在木斋中学读书时，父亲就已经染病在身。他在天津耀华中学念高中时，父亲的病情越来越严重，家境也越来越差，日子过得非常拮据。在耀华中学，他是唯一的贫家子弟，其他同学的家境都不差。当时，学校离家很远，他没有钱坐电车，每天早晚来回要走两个小时的路。中午只能待在教室里，一杯水、一个窝头或一张面饼打发肚子，困了就趴在桌子上打个盹。除了日语以外，他数、理、文、史的成绩都名列榜首,加之他待人诚恳,在学习上乐于助人,同学们都很尊重他,也很佩服他,老师们尤其喜欢这个聪明勤奋的学生。他的数学老师经常表扬他做题"简洁明了,能一下子就抓住问题的实质,方法巧妙,从不拖泥带水"。老师们一致认为他是耀华中学多年未见的好学生。他本来就是一个沉静善思、喜欢寻根究底的人,老师们对他的培育和熏陶,更使他的思维模式和学习方法升华到了一个新的高度。从此,他就逐渐形成了一套独特的思维模式和学习方法。

青年"老夫子":"北大多年未见过的好学生"

临近高中毕业时,由于父亲患病,家里唯一的经济来源断绝,于敏在生活、升学方面面临困难。天无绝人之路,后来他依靠同学父亲公司的资助,如愿以偿地进入北京大学工学院电机系学习。他喜欢学理科,尤其是理论物理,后转至理学院物理系。在学习中,他思维敏捷,学得好,对老师所教授的知识善于融会贯通,学习成绩总是名列榜首,他的学号是1234013,当时公布成绩时,这个学号的成绩总是排名第一。老师和同学都知道这个学号是于敏的,对他无不称赞。在北大学习期间,于敏最大的爱好就是看书,很少参加娱乐活动。夏天傍晚,别人在树下乘凉,他在树荫下读书;冬天,同学们在宿舍打牌聊天,他披件旧大衣坐在旁边照样看他的书。于是,同学们送给他一个雅号"老夫子"。他谈起自己年轻时在北大的学习经历,感慨万千,念念不忘师生情谊,衷心感谢北大师生给他的所有帮助。他曾深情地说:"北大不但给了我

科学知识和学习方法，而且还给了我第二次生命。"1998 年 5
月 4 日，在人民大会堂召开的北京大学集会上，于敏作为代
表发言，他说，"是北大浓厚的学术气氛奠定了我的科学基
础，是北大的爱国主义传统和勤奋、严谨、求实、创新的优良
学风激励着我为增强祖国综合国力而奋斗终生……它是我
一生中永远怀念的峥嵘岁月"。

"土专家不足为法，科学需要开放"

于敏在理论物理方面的天赋突出，并以惊人的记忆力和
领悟力赢得教授们的欣赏。1949 年本科毕业后，他考取了著
名物理学家张宗遂先生的研究生。张先生生病后，胡宁教授
担负起指导之责。在两位先生的悉心教导下，1951 年于敏以
优异的成绩毕业。不久，他被慧眼识才的钱三强、彭桓武调
到中科院近代物理研究所。近代物理研究所是后来原子能
研究所的前身，1950 年才成立，由钱三强任所长，王淦昌和彭
桓武任副所长。当时我国核弹科学一片空白，而抓原子核物
理，既要抓理论研究，又要兼顾实验。于是在建立初期所里
就成立了理论研究组，于敏被分配到这个组的时候，该组由
彭桓武任组长，全组共 8 个人，除了彭桓武外，还有胡宁、朱
洪元、邓稼先、黄祖洽、金星南、殷鹏程、于敏。后来，这 8 人
中有 6 人当选中国科学院院士。于敏是这个组里年龄最小、
资历最浅的。在这样一个全国一流的学术环境中，与许多卓
有成效的科研工作者一起工作，这对于敏一生科学事业的影
响巨大。从 1953 年开始，于敏开始全面了解国际上核物理

研究的进展情况,在广泛阅读核物理文献的基础上,仔细了解相关物理实验的内容,注意和分析相关的物理现象,去伪存真,总结有关的物理规律。后来与于敏共事的科技人员,发现他对相关的物理实验总是了如指掌,无不感到惊讶和佩服。著名实验核物理学家王淦昌曾说,"我所接触的我国理论物理学家中最重视物理实验的人是于敏"。于敏在学习与实践中表现出了许多过人之处,加之发表了多篇颇有分量的学术论文,组长彭桓武对他倍加赞赏,总是说"真正钻进去了的只有于敏"。1955 年,鉴于于敏在原子理论研究方面的出色表现,他被授予"全国青年社会主义建设积极分子"的光荣称号,同样被授予此称号的有 211 人,其中为大家所熟知的有歌唱家郭兰英,演员田华,乒乓球运动员姜永宁、孙梅英等人。于敏当年只有 29 岁。

1957 年,以朝永振一郎(Sinitiro Tomonaga)(曾获诺贝尔物理学奖)为团长的日本原子核物理方面的访华代表团来访,年轻的于敏参加了接待,他的才华给对方留下了深刻的印象。他未曾出国留学,自称是"道地的国产"。代表团回国后,发表文章称于敏为中国的"国产土专家一号"。对此,于敏认为,"'土专家'不足为法。科学需要开放,应该学习西方先进的科学技术。只有在大的学术气氛中互相启发,才利于人才的成长。现在的环境已有很好的条件了"。因此,他鼓励自己的学生出国留学,但有一个条件——"开过眼界后就回国作贡献"。

用 5% 的计算机使用时间和计算尺完成的氢弹设计

新中国成立时,国民经济十分落后,百废待兴,迫切需要医治战争创伤、恢复工农业生产、发展国民经济、改善人民生活。而以美国为首的西方国家在朝鲜战争、海峡危机和越南战争中,与中国发生了直接的冲突和对抗,多次对中国进行核威胁和核讹诈。在朝鲜战争中,当 1950 年 11 月 29 日中国人民志愿军突破美李(承晚)防线后,美国总统杜鲁门就以对中国使用原子弹相威胁。饱经战争灾难的中国百姓盼望过上和平生活,而和平也是当时新中国自身发展的必要前提和基本保障。为了保卫和平,中国必须克服困难,发展自己用以自卫的核力量。

1953 年,核物理学家钱三强向国家提出了发展原子能事业的建议。1955 年 1 月 14 日,周恩来总理在中南海会见了钱三强。第二天,毛泽东主席主持召开了中共中央书记处扩大会议,历史性地作出了发展原子能事业、研制原子弹的决定。之后,帝国主义的封锁,苏联的背信弃义、毁约停援、撤退专家,对我国刚起步的原子能事业带来了极大的困难。但事关国家安全、民族尊严,从事核事业的老一辈科技工作者在"独立自主,自力更生"方针的指导下,挺直了腰杆,勒紧了腰带,克服了重重困难,团结一致,奋发图强,为掌握原子弹和氢弹技术开始了顽强的拼搏。

20 世纪 60 年代初,有关部门作出部署,要求氢弹的理论探索较原子弹研究先行一步。于是,钱三强找于敏谈话,让他参加氢弹原理研究。从基础研究转向氢弹研究工作,意味着于敏必须放弃光明的学术前途,隐姓埋名,长年奔波。但是,他欣然服从了组织上的安排,开始新的研究。氢弹是一个非常复杂的系统。氢弹的理论涉及理论物理、原子物理、核物理、中子物理、辐射运输、辐射流体力学、等离子体物理、凝聚态物理、爆轰物理、应用数学和计算数学等学科。制造原子弹要比制造常规炸弹困难得多。原子弹是利用炸药使处于次临界状态的含裂变材料系统迅速达到高超临界状态,并适时由中子源提供若干点火中子引发链式裂变反应,瞬间释放巨大能量的。原子弹的爆炸威力很容易做到几万吨TNT当量,而一枚常规炮弹只能装几千克TNT当量的炸药。第二次世界大战后美国曾经爆炸过一枚50万吨TNT当量的纯裂变弹,这是世界上威力最大的裂变弹。氢弹是利用轻核的聚变反应,它的威力不受临界质量问题的限制,一枚氢弹的威力很容易达到几百万吨的TNT当量。而要研究氢弹应用的理论基础,单靠理论解析是远远不够的,必须依靠电子计算机进行定量或半定量的数值模拟研究。当时计算机的条件很差,全国最好的计算机是104机,那是一台每秒万次的电子管计算机,它95%的时间供核武器研究所突破原子弹使用,每周只能给原子能所使用十几个小时。为了用好每周这十几个小时的机时,于敏和同事们一起进行细致的物理分解,深入分析物理过程,抓物理实质,反复琢磨物理模型是否合理、正确,然后才上机计算。在计算前,他们又仔细地一遍又一遍地检查、修改手编程序,核对穿孔纸带,以便确保程序一次通过,计算结果正确。在这样艰苦的条件下,于敏等研究人员仅仅用了 4 年左右的时间,就解决了一系列有关热核材料燃烧的应用基础问题。

从原子弹到氢弹,按照突破原理试验的时间比较,美国用了 7 年零 3 个月,苏联用了 4 年零 3 个月,其中一个主要原因就在于计算的繁复。于敏领导下的工作组每周除了使用 104 机 5% 的上机计算时间外,人手一把计算尺,废寝忘食地计算,直至获得所需的数据。从 1960 年到 1965 年初,在艰难的科研攻关中,于敏带领同事们发现了实现氢弹自持热核燃烧的关键,找到了突破氢弹的技术途径,形成了从原理、材料到构型完整的氢弹物理设计方案。1965 年 10 月下旬,于敏在上海做题为"氢弹原理设想"的学术报告。会上,大家全神贯注地聆听他的报告。他从辐射流体力学、中子扩散和热核反应动力学的基本方程出发,结合以前的理论探索和最新的计算结果,在进行严密推导的同时,进行量纲分析和粗估,旁征博引,详尽地论证了实现热核材料自持燃烧的内因和必要条件,提出了两级氢弹的原理和构型的设想。聆听报告的科研人员都被他严密的逻辑思维、无懈可击的论据所折服。当他将整理出来的这个基本完整的物理方案,包括归纳、总结出来的一条条物理规律和一幅完整的氢弹反应过程物理图像再一次向大家报告的时候,会场一片欢腾,大家再也按捺不住激动的心情,立即有人高喊"老于请客!"他也非常兴奋,立即连声说"我请客,我请客!"

新原理的基本方案通过电话传到北京,邓稼先听到这一喜讯后,立即飞赴上海,当面听取了于敏等人的汇报,并与他们进行了详细的讨论。作为家喻户晓的"两弹元勋",邓稼先与于敏同为北大校友,两人在北京求学时就已经建立了深厚的友谊。邓稼先比于敏年长两岁,于敏还在北京大学理学院念书时,邓稼先已是物理系的助教。彼时两人就认识,而且还进行过畅谈,颇为投机。1950年邓稼先回国后在近代物理所工作,于敏随后调到了该所。于敏欣赏邓稼先憨厚、正直、平易近人、办事认真的品格,邓稼先则由衷赞赏于敏的才华和一丝不苟的工作风格,两人关系极为融洽。在一次会上有位年轻的科研人员向邓稼先请教一个技术问题,邓稼先当众大声直言不讳地说:"我听老于的!"由此可见,邓稼先对于敏非常信任。

于敏在回忆这段研究生涯时,无限感慨地说:"人生有困苦的时候,也有愉快的时候。这是我感到比较愉快的阶段之一。面对探索氢弹原理的任务,觉得任务重要、艰巨、光荣而神圣,不能另有选择,只能接受。一旦接受了,除了要全力以赴地进行工作以外,也常有提心吊胆、如履薄冰的感觉。"正是出于为国奉献的高度使命感与责任感,以及自身在长期学习工作中所培养与训练出的严格的科学信念与科学要求,于敏同相关科研工作者一道,克服万难,勠力同心,最终成就了新中国核事业震惊世界的辉煌!

"一声龙吟动九霄":氢弹空爆试验圆满成功

氢弹原理一突破,科研人员就恨不得马上把氢弹造出来。于是,氢弹原理实验就被提上日程。1966年7月,实验部成立了氢弹原理试验测试组,11月中下旬完成了进试的验场工作。在进行氢弹原理试验前,包括于敏在内的理论部科研人员,一方面要承担巨大的实验压力,另一方面又很担心核武器事业的发展会受到政治风波的影响。此时的于敏,虽然对自己的设计充满信心,但毕竟核试验环节很多,如果其中一个环节出问题,就会影响整个试验的成败。在热核指挥部的观察室里,聂荣臻元帅为了缓解多日紧张的气氛,要求指挥部的成员和专家在临试前给这次试验的成功率打分,于敏虽然对他自己和理论部科研人员的工作有充分的信心,打了最高分 90 分,但是他在试验前还是不免有些紧张。快到试验前的一天晚上,核试验基地的物理学家程开甲想到为了确保某个重要测试项目拿到数据,有一个地方还要用屏障物挡一挡,于是他跑到于敏睡觉的帐篷,半夜里把于敏叫起来,冒着戈壁滩零下三四十度的严寒,一起爬上 102 米高的试验铁塔,亲自动手,将屏障体布设妥当。由此可见当时科学家们对科学的一丝不苟与赤胆忠心。1966 年 12 月 28 日,氢弹原理实验正式进行。在试验现场的于敏,当听到报时员"十,九,八,七……"清脆的报数声时,他的心都提到了嗓子眼。当他透过防光辐射的双层保护眼镜看到核爆炸火球冉冉升起,接着蘑菇云翻腾而上时,他的心里虽然已经有了些底,但在拿到速报结果前,悬着的心还不能完全放下,也还不能判断这次试验是否圆满成功。当测试队向指挥所报告了试验的速报数据时,他一听到两个关键的速报数据,便脱口而出:"与理论预估的结果完全一样!"可想而知,这些速报数据和相关精密的计算已经在他脑海中盘桓了许久。周恩来总理在电话机旁听取了氢弹原理试验结果的汇报,并代表党中央发来了贺电。当晚中央人民广播电台播出了这条新闻,举国欢腾!

世界上习惯于用从原子弹到氢弹研制的时间间隔来衡量各国早期核武器的发展速度。从第一颗原子弹爆炸到第一颗氢弹爆炸成功,法国用了102个月,美国用了87个月,苏联用了75个月,英国用了66个月。中国只用了26个月的时间,创造了研制氢弹的世界纪录!中国氢弹试验的成功令全世界震惊。英国《泰晤士报》报道称"中国在通向完全核地位的道路上前进的速度,又一次使西方专家们大为惊诧""中国从原子武器到制造热核武器所用的时间,比任何其他国家都短,现在已经追上了法国"。法新社也同样惊叹地报道称"中国人民爆炸热核炸弹所取得的惊人成就,再次使全世界专家感到吃惊。惊奇的是中国人取得这个成就的惊人速度。中国在核方面的成就,使世界震惊不已"。

氢弹原理以及空爆试验的成功,表明中国改变了热核武器研制落后的局面,世界公认中国的核武器技术已进入世界核先进国家的行列。爆炸成功后,于敏带领科研团队,对氢弹的小型化、提高比威力等作了优化设计,并定型为我国第一代核武器装备部队,为新中国核物理事业的发展与国防实力的增强作出了不可磨灭的贡献。

毕生的坚守:发展二代核武器

20世纪80年代,在原子弹、氢弹等技术相继突破后,一些曾经和于敏共同奋战在核武器研制一线的骨干相继离开核工业物理研究院。于敏也曾在脑海中闪过一个念头：回去做基础研究。但是，他稍加权衡就放弃了离开核工业物理研究院的想法。他对别人说："虽然下面还有不少人，但掌握物理设计全面的也就是自己了。在这个时候把任务全交给下面，显然是不行的。"第一代热核武器虽然解决了有无的问题，但性能还需提高，必须发展第二代核武器。于是，他留了下来，突破第二代核武器技术和中子弹技术。正是由于于敏等科学家们的先见之明，中国在禁止地上核试验后，及时转入地下核试验，随即又在全面核禁试验前取得了应有的试验数据，使中国的核武器事业始终没有受到影响。在中国核武器的发展里程中，于敏所起的作用是至关重要的。

核武器威力巨大，又有放射性，因此它必须具备在正常的维护使用中，防止因操作失误、设备或武器故障等原因发生意外事故的能力，在不要它爆炸的时候一定不能爆炸。核武器也必须具有抵制任何非授权使用和在异常环境或被袭击情况下保证安全的能力。而核武器研制出来是准备在敌方的国土上爆炸的，必须有能力把它送出去。只有与远程导弹结合的核战斗部才能构成战略核威慑力量。拥有核武器的国家在掌握了氢弹的设计原理后，都面临着提高核武器综合性能、满足核战斗部的战术技术性能要求的问题。提高核战斗部综合性能的核心是小型化，即在同样威力之下，把核战斗部做得尺寸小、质量轻。外界人士往往以为，原子弹、氢弹试验爆炸的成功即宣告核武器装备的大功告成，其实这种看法是错误的。因为提高核武器的战术技术性能，提高其精确打击能力以及核心精确控制，还要求在试爆成功后有多次原理和技术突破,方能用于军队装备与国防建设。

此时的于敏,身体已然罹患多种疾病,但仍然以对国家极端负责的精神,对工作一丝不苟,呕心沥血,披肝沥胆。在初级小型化的研究任务中,有一次,热试验装置已经下到井口4米处,准备工作正在有条不紊地进行,可是于敏此时却寝食不安,辗转反侧,夜不能寐。妻子以为他忘了吃安眠药,赶紧把药递给他,他却不吃。原来,他正在苦苦思考着这次实验的理论设计方案有无考虑不周到的地方。他逐一考虑每个物理因素,突然发现有一个物理因素在过去历次热试验中虽然都不起作用,但是现在情况变了,应该考虑它的影响。他在进行粗估后认为,这个因素可能影响实验的结果。于是,第二天他早早地请有关人员到办公室开会,一边进一步进行粗估、讨论,并布置用多个程序立即对这个物理因素进行对算,一边让计划科的同志立即与国防科工委机关联系,向相关首长当面汇报后请求试验场地立即暂停作业,等待计算结果,进一步决定是否在设计上采取一些措施。于敏知道,因为一个物理因素考虑不周而提出暂停作业,很有可能要受到首长的批评。但是,如果不请求暂停作业,这一因素如果真的产生影响,导致实验结果不理想,由此造成的损失是难以估量的。正所谓"事到万难须放胆,两害相权取其轻",于敏在向国防科工委首长汇报时,坦诚地做了自我批评,主动承担了理论设计考虑不周的责任,果断请求试验场地暂停作业。于敏实事求是、细致严谨的工作作风和对人民高度负责的精神,不仅没有受到首长的批评,反而受到了首长的表扬。回到所里后,相关科研人员按照他的部署,兵分四路,在四个计算机房里紧张地进行计算。各级领导不断打电话来催问计算进展,当时在试验场地的邓稼先更是心急如焚,一会儿来一个电话:"老于,还要多长时间才能出结果?""如再推迟,雷雨来了可不得了啊!"于敏镇定自若,运筹帷幄地指挥着四路大军的计算。晚上,他守在电话机旁,熬到深夜等着听计算结果;白天,他早早来到办公室,接受各级领导和相关人员的询问,或埋头看送来的纸带,分析最新的计算结果。经过两天一夜的奋战,计算结果终于出来了:四个程序的计算结果均表明,相关物理因素虽然有影响,但无关大局,并不会影响到试验的成败,不需要改动设计。于敏此时终于露出笑容,并立即向首长汇报,请试验场地马上恢复作业。后来,热试验按时进行,并取得了圆满成功。

在于敏的周密安排和严格把关下,经过有关科研人员的努力拼搏,20 世纪 80 年代我国终于完成了对核武器新型初级小型化的突破。于敏对中国核事业的发展作出了一系列重大贡献,获得了国家科学技术进步奖特等奖。

身为一叶无轻重,愿将一生献宏谋

1968 年 6 月 12 日,联合国大会通过了关于禁止核武器扩散的条约。此条约又被称为《防止核武器扩散条约》,7 月1 日在莫斯科、伦敦和华盛顿开放签署。1970 年 3 月 5 日生效,有效期为 25 年。1995 年 5 月 11 日,《不扩散核武器条约》审议与延期大会决定条约无限期延长。2000 年、2005年、2010 年先后举行了《不扩散核武器条约》审议大会。截至

2011 年 12 月，共有 190 个国家批准或加入该条约。美国、苏联(俄罗斯)、英国、法国、中国成为条约正式承认的有核国家。《不扩散核武器条约》由序言和 11 条正文组成，其宗旨是防止核扩散，推动核裁军和促进和平利用核能的国际合作。

进入 20 世纪，和平与发展成为时代的主题。核武器作为目前世界上具有大规模毁伤破坏效应、威力巨大的热武器，一旦参与战争，其所产生的打击将是毁灭性的，不仅会对被攻击国家造成严重伤害，在某种程度上甚至会影响地球生态。因此，当时有人对于敏和他的同事们所从事的核事业并不理解，认为他们是在制造杀人武器，是极不人道的。曾经有一位记者在采访于敏时问道，"有人不理解您的事业，认为您是在制造杀人武器，对此您怎么看？"于敏坦然而又从容地回答道："实际上不是杀人，而是人家要杀我，我不能不准备自卫。我们从来不想杀人，中国五千年的历史，都是受外族侵略，不要说近 150 年，就是在汉唐盛世侵略过谁呀？中华民族从来就非常坚强，同时又非常爱好和平，这是中国人民的传统。"于敏进一步说道："我打心眼里赞成核武器最好都彻底销毁、完全禁止，但是美国人他们不同意啊——被逼的，没办法。过去核大国几次威胁要使用核武器来打我们，举一个例子，抗美援朝的时候，美军统帅麦克阿瑟就曾建议用核武器袭击中国。它真正进行核讹诈、核威慑了，不是报纸上说说玩儿的，是它的高级将领、他们的最高决策机构的考虑。所以毛主席讲，你要不受人家欺负的话，就不能没有原子弹。所以中央在那么困难的情况下，决定研制'两弹一星'，打破核垄断。但是我国的核战略属于战略防御性质,所以一有原子弹就立刻发表声明,我们完全是为了自卫,我们承担不首先使用核武器的义务,不对无核国家或地区使用核武器,也不会用核武器进行威胁。"当记者问到"销毁核武器岂不是销毁了您的毕生心血"这一较为尖锐的问题时,于敏义正词严而又云淡风轻地说:"这有什么关系,一个人,十几亿分之一,从历史上看不晓得多么微小,再说,这种事怎么能从个人角度考虑,这是事关民族、国家、人类的大事,其他都无所谓。"作为一名科学家,于敏不仅有着专业的知识储备、丰富的科学经验,更具有大公无私的个人品质与高瞻远瞩的人生格局,能够从宏观角度对自己所从事的核事业进行理性认识。1999 年 10 月 10 日,于敏自作《抒怀》一诗中,"身为一叶无轻重,愿将一生献宏谋"正是他奉献人生与高洁人品的最佳诠释。

功成而弗居:淡泊明志,宁静致远

在取得一系列重大成果,乃至被誉为"中国氢弹之父"后,于敏数十年仍然默默无闻,他自己却怡然自得。他喜欢诸葛亮,喜欢诸葛亮的"鞠躬尽瘁,死而后已",更是将"淡泊以明志,宁静以致远"奉为圭臬。这个内向又安静的科学家,对"宁静"有着自己的理解:"所谓宁静,对一个科学家而言,就是不为物欲所惑,不为权势所屈,不为利害所移,始终保持严格的科学精神。"于敏始终守着一片"宁静",大声说出自己的良知。他曾遭受错误批判,但他坚信"如果我说假话,我可以轻松过关,但我经受不了历史和真理的考验"。

与于敏深交并共事 30 余年的邓稼先曾说:"于敏是很有骨气的人。他坚持真理,从不说假话。"因此,遇到争论,邓稼先常会说:"我相信老于的。"当人们把"中国氢弹之父"的称号送给他时,他直言这种称呼不科学:"核武器的研制是集科学、技术、工程于一体的大科学系统,需要多种学科、多方面的力量才能取得现在的成绩,我只是起到了一定的作用,氢弹又不能有好几个'父亲'。"2015 年 1 月 9 日,于敏荣获 2014 年度国家最高科学技术奖。他坐在轮椅上,华发稀疏,谦逊与纯粹溢于言表。我国国防科技事业改革发展的重要推动者、改革先锋……面对纷至沓来的至高荣誉,于敏一如既往地低调,于家客厅高悬的一幅"淡泊以明志,宁静以致远"书法,正是对他品格的最佳诠释。

"我们国家没有自己的核力量,就不能有真正的独立……一个人的名字,早晚是要没有的,能把微薄的力量融进祖国的强盛之中,便足以自慰了。"1988 年被正式解封的于敏,这样对记者说。于敏记忆力惊人,平时很少记笔记,但他满脑子装的都是数据。靠大量的数据,他能很快对一个事物做出物理判断。这是一项特殊的本领,被简称为"粗估"。这种"粗估"方法被何祚麻院士称为理论研究的灵魂。于敏为人谦虚,待人诚恳。他给同事讲东西从不保留,从来不怕别人超过自己。在理论部,大家都知道向于敏请教问题有"三不":一是不论时间、场合,随时随地可以提问题;二是不论范围,物理、力学乃至其他相关学科都可以问;三是不论问题大小难易,尽管问,一样耐心解答。理论部的一个年轻人刚刚大学毕业参加工作,曾向于敏请教一个基础理论方面的问题,他不但耐心地予以解答,回到家里还仔细推导,详尽地列在纸上,第二天亲手交给这个年轻人。于敏的许多同事都表示,自己向于敏请教问题,他总是将自己所了解的知识、方法、诀窍乃至最重要的想法和盘托出,毫无保留。改革开放后,一些中青年科学工作者在他的启迪下,写出一些颇有见地的论文,写上他的名字请他审阅时,他常常把自己的名字抹掉。由于极为平易近人,于敏私下里被同事和晚辈们亲切地称为"老于""于老爷子"。在生前,88 岁高龄的于敏仍是单位的重要顾问,每每遇到难题或重大决策时,单位总会想到要请"于老爷子"出山,继续为祖国的核物理事业提供宝贵的建议。在于敏 70 岁寿辰时,他的大学同学来为他祝寿,所写的祝寿词正是他淡泊而辉煌的一生的写照:

"于敏学长,作为仁者,朴实无华,不仅在于他在科学上取得突出、重大成就,成为国之干臣,这是人所共知的;也不仅在于他的治学态度上,严肃认真,锲而不舍,在教学上诲人不倦;还在于他为人光明磊落,坚持真理,从不哗众取宠。富贵不能淫,贫贱不能移,威武不能屈,是一个大丈夫。他不是一个做教学工作的,但其言行堪为师表。"

2019 年 1 月 16 日,于敏溘然长逝,享年 93 岁。少年离乱中寻觅一张安静的书桌,未曾向洋已砺就锋锷。中年受命之日,寝不安席,当年吴钩,申城淬火,十月出塞,大器初成。回首一生,一句嘱托,许下一生;一声巨响,惊诧世界;一个名字,隐形近 30 载。不为物欲所惑,不为权势所屈,不为利害所移,宁静致远,淡泊明志,终成一番大业。毕生献祖国,年华未曾负。于敏，一位功在千秋的科学家。于敏，一个响当当的名字。

◆ 参考文献 ◆

[1] 郑绍唐,曾先才.新时代榜样科学家:于敏[M].贵阳:贵州人民出版社,2005.

[2] 陈瑜.于敏:核弹征程舞忠魂[N].科技日报,2015-01-10(08).

[3] 喻思南.中国"氢弹之父"于敏:他的名字曾绝密二十八年[N].人民日报,2021-01-06(12).

[4] 陈瑜.于敏:惊天事业,沉默人生[N].科技日报,2019-09-24(04).

[5] 于敏:干惊天动地事 做隐姓埋名人[EB/OL].(2019-09-18)[2020-01-14].http://china.cnr.cn/yaowen/20190918/t20190918-524780932.shtml.

于敏：身为一叶无轻重 愿将一生献宏谋

孙家栋：

星斗璀璨耀东方　千年奔月梦成真

孙家栋，我国航天事业的奠基人之一，人造卫星技术和深空探测技术的重要开创者，中国科学院院士。他参与领导了我国第一代战略导弹的研制工作，主持完成了我国第一颗人造地球卫星、第一颗返回式卫星、第一颗静止轨道试验通信卫星的总体设计工作，承担了包括"东方红三号"通信广播卫星、"风云二号"气象卫星和中巴地球资源卫星等第二代应用卫星工程的研制重任，先后担任我国北斗导航工程、探月工程一期总设计师。2019年9月，国家主席习近平签署主席令，授予孙家栋"共和国勋章"。

2009年3月3日，98岁高龄的钱学森给孙家栋写了一封生日贺信，信中这样写道："您是我当年十分欣赏的一位年轻人，听说您今年都八十大寿了，我要向您表示衷心的祝贺！您是在中国航天事业发展历程中成长起来的优秀科学家，也是中国航天事业的见证人。自第一颗人造地球卫星首战告捷起，到绕月探测工程的圆满成功，您几十年来为中国航天的发展作出了突出贡献，共和国不会忘记，人民不会忘记。

我为您取得的成就感到骄傲。希望您今后要保重身体,健康生活,做一名百岁航天老人。"孙家栋为什么能得到钱学森如此高的赞誉?钱学森为什么说他是中国航天事业的见证人?他究竟为中国航天事业作出了哪些突出的贡献呢?

几度失学,入读哈尔滨工业大学

1929 年 4 月 8 日,在辽宁省盖县(今盖州市)的一户孙姓人家,一个新生命呱呱坠地,他就是孙家栋。孙家栋出生之际,亲朋好友纷纷感叹这孩子真是好命。为什么这么说呢?原来,孙家栋出生第二天,就赶上了孙家酝酿已久的分家仪式,他这嗷嗷待哺的小婴儿也分到了一份口粮。孙家栋的父亲此时任辽宁省盖县盖平师范学校校长,孙家栋随父母在盖县度过了三年的幼儿时光。

1932 年,由于父亲工作变动,孙家栋随父母迁往哈尔滨。1935 年,孙家栋成为哈尔滨建设小学的一名小学生。然而,刚上学没几天,他就因为天生左撇子被学校劝退。孙家栋不服输,他逼迫自己不断练习使用右手写字,终于在一年后重新回到了学校。1939 年,父亲又调往营口市工作,孙家栋转入营口市同德学校读书。1942 年,13 岁的孙家栋以优异的成绩考入哈尔滨第一高等学校土木系。他努力学习,希望有朝一日能为国家筑高楼、修大桥。不幸的是,没过多久,学校就因为战乱停课了,孙家栋被迫失学了。他求知若渴,几经辗转,考入国民党政府开办的锦州大学读预科班。1948 年9 月,中国人民解放军迅速占领东北战场,学校办不下去了,孙家栋又一次失学了。

正在万分窘迫之际,孙家栋听到一个令他欣喜万分的消息:哈尔滨已经解放,哈尔滨工业大学很快将恢复办学。他立即启程去哈尔滨,并于 1948 年 9 月考入了哈尔滨工业大学预科班。当时,哈工大由苏联人管理,教师用俄语授课,所以预科班的主要目标就是学好俄语。俄语是世界上最难学的语言之一,语法结构复杂,发音特殊,单词运用中时常发生变格变位,令众多初学者望而生畏。然而,孙家栋很快就入了门,进入了良好的学习状态。

投笔从戎,获得"斯大林金质奖章"

在享有充分自主选择权的情况下,一个人在几个小时之内从一无所知到选择并走上所选的人生道路,这恐怕是世上少有的,而这件事就发生在孙家栋身上。

1950 年农历正月十五的晚上,学校主管人员在食堂向学员们宣读了一份通知:为了加快新中国空军的建设步伐,中国人民解放军空军要挑选学生去空军航校,有意者可立即自愿报名接受挑选。原来,新成立不久的人民空军力量十分薄弱,中央军委决定扩大航校培训规模,建立 6 所航校。听到这一消息,孙家栋联想到开国大典上毛主席在天安门城楼上的庄严宣告,威武雄壮的开国大阅兵和英姿勃发的中国人民解放军,抑制不住的爱国情怀在他的心中激荡。于是,他毅然填报了从军申请。结果,当天报名,当天批准,当晚他就登上了前往中国人民解放军空军第四航校的列车。

就这样，一夜之间，21岁的孙家栋成为一名立志航空报国的军人。到航校报到后，他苦练的俄文很快派上了用场，担任了苏联航空教官的授课翻译。一向勤奋努力的孙家栋在航校各项工作中表现出色。

不假思索的从军选择给孙家栋提供了接触航空科学技术的机会，也为他日后到苏联留学打下了良好的基础。

新中国成立后，百废待兴，百业待举。为迅速改变中国贫穷落后的面貌，党中央决定向苏联、东欧社会主义国家派出大批留学生，学习先进的科学文化和管理经验，这项工作被纳入我国科学教育发展十年规划。中央设立了由聂荣臻、李富春、陆定一组成的留学生领导小组，每年的选派人数、专业都由周恩来总理亲自审批。

机遇向来垂青有准备的人。1951年9月，经过层层严格的选拔，孙家栋最终被选送去苏联茹科夫斯基空军工程学院读书，学习航空专业知识。这所学校是苏联培养空军各专业工程师的高等军事学校，也是研究航空技术装备及其技术维护与战斗使用方面问题的科研中心。同一批入选的还有10名新四军学员、10名八路军学员、9名哈工大和航校学员。他们乘火车从北京出发，历经七天七夜，终于抵达莫斯科。初到莫斯科，他们就被苏联的社会主义建设成就和科学技术的发展震撼到了。在此期间，还发生了一件有趣的囧事。有一天，孙家栋和几个同学一起乘坐地铁，地下火车呼啸着驶入站台后，车厢门"哧"的一声打开了，他们你让我，我让你，都礼让其他同学先上车，可还没等他们谦让完，车厢门已经又"哧"的一声关上了，火车也随即驶离了站台，留下了面面相觑的中国留学生。原来，早在 20 世纪 50 年代，苏联的科学技术发展迅速，那时地铁车厢门就已经采用自动开关技术了。这件事极大地激励了孙家栋，他暗下决心，一定要在苏联刻苦学习先进的科学技术，回去报效祖国。

苏联茹科夫斯基空军工程学院为了保障这批中国留学生顺利开展学业，安排他们进行为期一年的预科学习，学习内容包括俄语、基础知识等。于是，继锦州大学、哈工大"两读"预科之后，孙家栋开始了"三读"预科。1952 年 9 月，30 名中国学员正式进入本科学习。孙家栋白天上课，晚上做练习，经常学习到凌晨一两点钟。天道酬勤，每逢考试，孙家栋总能取得好成绩，用他苏联同窗刘从军的话说："孙家栋考试门门是 5 分，年年是 5 分，是真正的全优生。"

孙家栋还勤于思考、乐于探究。在一次航空发动机理论考试中，主考官涅卡耶夫院士拿错了试卷，将这批学生从未学过的"航空发动机静态下主要性能的推导"问题提给了孙家栋。正当陪考官们担心孙家栋无法回答出来的时候，他淡定而有礼貌地做出了正确回答。当涅卡耶夫院士意识到自己拿错试卷的时候，他对眼前的这位中国留学生投去了赞许的目光。

孙家栋不仅在学习上勤奋努力，在军体方面也不甘示弱，篮球场、排球场、滑雪场、滑冰场上总能看到他的矫健身姿。这个朝气蓬勃、成绩优异的阳光大男孩给许多老师留下了深刻的印象。正是由于各方面表现优秀，孙家栋在留学期间光荣地加入了中国共产党。

1958 年 3 月 10 日，是孙家栋人生当中的高光时刻，他以留学期间的全优成绩登上领奖台,光荣地领取了"斯大林金质奖章"。同年,全苏联军队院校的毕业生中,仅有 13 名学生获得该奖章。作为一名留学生,能获得含金量如此之高的荣耀,孙家栋付出的努力可以想象。至此,孙家栋的"开挂"人生即将拉开大幕。

转攻航天,追随钱学森参与导弹研制

正当孙家栋踌躇满志,准备航空报国的时候,他在毕业回国后却被分配到了国防部第五研究院。国防部第五研究院是中国第一个导弹研制机构,钱学森任院长。国家耗时 7 年精心培养的航空人才为何被分配到了研制导弹的部门?

原来,1956 年,中央制定《1956—1967 年科学技术发展远景规划纲要(修正草案)》(简称"十二年科技规划")时,曾有过较长时间的"飞机与导弹"的争论,即在条件有限的情况下,是优先发展飞机,还是优先发展导弹? 作为"12 年规划"综合组的组长,钱学森态度鲜明地主张优先发展导弹:第一,从当时的国情来看,短期内不可能在发展飞机上取得快速突破;第二,从战略博弈的角度分析,发展导弹是战略取胜的捷径;第三,从国防的未来发展来看,导弹结合核武器是必然之路。经过多次讨论,这一重大战略决策就此确定。1956 年 10 月 8 日,国防部第五研究院成立。1957 年 11 月 16 日,中央批准成立国防部第五研究院一分院,即后来的中国运载火箭技术研究院,钱学森兼任一分院院长,领导导弹研制工作。孙家栋这批留学生回国前夕,第五研究院建设亟需科技人

孙家栋:星斗璀璨耀东方 千年奔月梦成真

才，主管国家科学技术工作的聂荣臻元帅亲自请空军司令员刘亚楼上将予以支援，于是，孙家栋就被抽调到了国防部第五研究院，被分配在一分院导弹设计总体部，担任总体设计员。

中国导弹研制工作起步艰难，一无设备，二无资料，三无技术人员，除了钱学森，谁也不了解导弹。初期阶段，苏联提供了图纸、资料，派出了专家，还赠送了两枚"P-2"型近程导弹供中国仿制和改型。孙家栋所在的导弹总体设计部负责图纸描红、原理研究、仿制、改进创新等工作。除此之外，他还负责资料翻译的工作。苏联提供的资料摞起来像小山一样高，孙家栋夜以继日地埋头翻译，并将翻译出来的资料进行系统归类。孙家栋从不觉得累，他只觉得，能从事新中国国防尖端武器研制，还能在科学巨匠钱学森的身边工作和学习，是件多么幸运的事儿！一定要为国家干出一番事业！

可天有不测风云。1960年夏天，年轻的科技人员们干得热火朝天，苏联突然单方面决定撤回在中国工作的全部苏联专家，并带走所有资料。孙家栋后来回忆道："看着做到半截、即将完成的导弹，当时的心情可想而知，但这件事情也刺激了我们，必须独立自主，自力更生。你不是把图纸资料都带走了吗？好，我们自己想办法搞。中国人，你是压不倒的！"以后的几个月里，导弹研制工作经历了多次试验失败。在聂荣臻元帅、钱学森院长的正确领导下，全体科技人员努力攻关、通力合作，以严谨的科学态度查找出失败的原因。1960年11月5日，我国第一枚仿制近程地地导弹"东风一号"在浩瀚的戈壁大地上成功发射，填补了我国尖端武器的空白！1964年10月16日15时,中国第一颗原子弹爆炸成功,成为第五个拥有原子弹的国家！1966年10月27日,我国两弹结合试验成功,世界为之震动！

　　孙家栋为导弹事业奋斗了整整9年,凭着扎实的理论基础、极高的悟性以及有目共睹的工作业绩,他先后走上了总体设计室主任、总体部副主任的岗位,为新中国导弹事业作出了不可磨灭的贡献。据他的同事刘从军回忆:"那时候,国家导弹武器研究刚刚开始,由于初次接触新事物,大家都没有经验,谁的脑子好使,谁的点子多,谁就是发明者。孙家栋的聪明度就是胜别人一筹,他首先提出新颖的设想,大家一起讨论,萌发出了思路,然后一步步循序确定后就出了成果。"导弹推进剂箱的改良设计就是一个很好的例子。苏联"Ｐ－2"型导弹出于保温考虑设计了两层推进剂箱。孙家栋却认为,导弹在加注燃料后很快就会发射,完全不需要两层箱体。这个大胆的设想被运用在我国自主设计的"东风二号"导弹上,经过改良设计,"东风二号"导弹推进剂剂量几乎与苏联"Ｐ－2"型导弹相同,但其射程却足足加大了一倍。

　　孙家栋在导弹研制中展现出来的才能得到了钱学森的赏识,即将对他委以重任……

挂帅卫星,成为最年轻的"两弹一星"功勋

　　1967年的一个夏日,烈日当空,孙家栋不顾难耐酷热,在办公室开展导弹研制工作。突然,来了一位"不速之客",他直截了当地说:"国家将要开展人造地球卫星工程,中央决定

组建中国空间技术研究院,钱学森院长向聂荣臻元帅推荐了你。根据聂老总的指示,上级决定调你去负责卫星的总体设计工作。你愿不愿意去?"孙家栋欣然受命,成为中国第一颗人造地球卫星的技术总负责人。历史仿佛在重演,17 年前,当日通知,当日决定入伍;17 年后,当日通知,当日决定从已有建树的导弹研制领域转入一无所知的卫星研制工作。每当记者问起他面临抉择的心路历程时,他总是那句简单而朴实的话语:"国家需要,我就去做。"

然而,孙家栋这个技术总负责人,面临着既无研制卫星的资料和经验,也无科技队伍的艰难困境。但他敢作敢为,破除种种顾虑,选定 18 名科技人员,组建了卫星总体设计队伍,史称"航天卫星十八勇士"。他从系统工程的观点出发,主持卫星总体和分系统技术方案的论证工作,研究确定卫星的总体技术方案和研制任务书。

其实,早在 1965 年,中国科学院赵九章、钱骥等科学家就已经提出过一个详细的卫星方案。孙家栋带领团队经过客观的研究分析,认为该方案赋予卫星的功能过于复杂,根据国家目前的科学技术水平很难实现。于是,孙家栋大胆地提出对原来的卫星方案进行简化。他指出,"东方红一号"首先是一颗政治卫星,先用最短的时间实现卫星上天,解决有无的问题,然后再研制带有探测功能的卫星。此论一出,立即遭到了中科院相关专家的反对。有的找钱学森力争,有的向国防科工委写信,有的甚至当面指责孙家栋。38 岁的孙家栋资历尚浅,面对前辈的指责,压力巨大,但他并没有因此而妥协,他坚持自己的判断。在钱学森的支持下,他一次次主持召开讨论会,终于说服了大多数专家。最后,"东方红一号"卫星确定由结构、热控、电源、短波遥测、跟踪、无线电和《东方红》乐音装置等组成,此外,在末级火箭上设置"观测裙"。这样,人们不仅可以收听到卫星发送的《东方红》乐曲,还可以凭借肉眼观察到卫星。然而,方案修改好了,却找不到拍板的人。大胆的孙家栋又找到了时任国防科工委副主任刘华清,非常直率地说:"你懂也得管,不懂也得管,你们拍个板,我们就可以往前走!"多年之后,刘华清回想起这段经历,感慨地说道:"当时这么干,除了有种强烈的责任感外,也有一点傻大胆的味道。"

卫星研制方案简化以后,付诸实施又成了最大的难题。

首先是卫星本身的参数和卫星各大系统的参数相互制约,科学问题引发的争论不可避免。孙家栋在实践磨砺中展现出了高人一筹的工程管理能力。有一次,应答机系统和温控系统产生了冲突。应答机系统原先设定的电耗指标是10瓦,机器研制成功之后,电耗却只有8瓦。少了2瓦的电耗,卫星温度就变低了,这就给温控系统带来了难题。温控系统负责人就提出了异议,而应答机系统负责人提出机器已经做好,坚决不更改。矛盾闹到了孙家栋面前,此时的进度要求已经非常紧迫,再改动已经来不及了。经过认真思考,孙家栋建议加上2瓦的电阻,四两拨千斤,轻松解决了这个问题。

其次是卫星生产的难题。20世纪六七十年代的中国,工业基础非常薄弱,而航天工业是综合性尖端科技的象征和结晶,被称为"现代工业的皇冠"。在如此贫瘠的工业基础上去生产卫星,似乎有点痴人说梦。当时,连一个小小的电信信号专用插头,都是孙家栋亲自带着介绍信找到上海市的主要负责人,又找到上海无线电厂的几位老师傅,加班加点切磋讨论,反复试验以后才制造出来的。正是凭着对祖国航天事业的"痴爱",孙家栋才能克服无数难以想象的困难。

1970年4月24日,"东方红一号"卫星发射成功,《东方红》乐曲响彻寰宇!我国成为继苏、美、法、日之后第五个成功发射人造地球卫星的国家,而我国研制人造地球卫星的速度更令世界惊叹。"东方红一号"卫星的成功发射,标志着中国跨出了征服太空的第一步。2016年3月8日,国务院批复将每年的4月24日设立为"中国航天日"。

此后,孙家栋一路披荆斩棘,先后主持完成了中国第一颗返回式卫星、第一颗地球静止轨道通信卫星的总体设计并成功发射。有人统计过,在我国自主研制发射的前100个航天飞行器中,有34个由孙家栋担任技术负责人、总设计师或工程总设计师。

1999年9月18日,孙家栋被中共中央、国务院、中央军委授予"两弹一星"功勋奖章,成为该奖章最年轻的获得者。

执掌北斗,开启中国导航自主可控之路

近年来,共享单车停放点定位更加准确,可用车辆更加容易被找到,车辆不停放在指定区域就无法结账还车,很大程度上解决了乱停乱放的现象。这得益于共享单车都装载了北斗导航定位芯片,实现了高精度的位置识别。实际上,随着北斗系统建设和服务能力的发展,相关产品已广泛应用

于交通运输、海洋渔业、水文监测、气象预报、地理测绘、森林防火、通信时统、电力调度、救灾减灾、应急搜救等领域，逐步渗透到人类社会生产和生活的方方面面，为全球经济和社会发展注入新的活力。而提出并建设北斗导航系统工程，同时力推北斗系统走进千家万户的，正是孙家栋。

早在 20 世纪 90 年代，孙家栋就意识到了发展卫星导航定位系统的重要性，他与时任国防科工委副主任沈荣骏中将积极推动北斗导航卫星工程立项，该工程被列入国家科技重大专项。他提出了适合国情的卫星导航系统发展道路，并逐步形成了三步走发展战略：2000 年底，建成"北斗一号"系统，向中国提供服务；2012 年底，建成"北斗二号"系统，向亚太地区提供服务；计划在 2020 年前后，建成北斗全球系统，向全球提供服务。区别于美国的 GPS 全球定位系统、俄罗斯的格洛纳斯系统、欧洲的伽利略卫星导航系统在初始阶段就定位全球系统的发展战略，孙家栋提出的是具有中国特色的"先试验、后区域、再全球"的发展战略，为世界卫星导航领域提供了一种新的发展模式。

1994 年 12 月，孙家栋被任命为北斗导航实验卫星工程总设计师，全面启动北斗系统研制和建设工作。2000 年 10 月 31 日，第一颗北斗导航试验卫星发射成功。2000 年 12 月 21 日，第二颗北斗导航试验卫星发射成功。孙家栋带领北斗团队在太空中搭建的这一双星定位系统投入使用，标志着我国拥有了自主研制的第一代卫星导航定位系统，成为继美、俄之后世界上第三个拥有自主卫星导航的国家！

2012 年 10 月 25 日，"北斗二号"第 16 颗北斗导航应用卫星发射升空,"北斗二号"系统全面建成,我国完成了北斗第二步发展战略。

这一颗颗卫星对于我们来说,只是一个个数字,而对于孙家栋和他的北斗团队,却是夜以继日的不懈奋斗和一次次如履薄冰的考验。

2007年2月3日凌晨,第四颗北斗导航试验卫星被送入预定轨道。当人们还沉浸在发射成功的喜悦中时,这颗卫星突然失联了!孙家栋立刻召集北斗团队分析研究,通过计算推断,卫星在约15天后能够利用已经展开的太阳能板获得一定能量,只要严密监测,便有可能接收到卫星发来的数据。幸运的是,17天以后,卫星如期出现了!此时正值除夕,孙家栋和科研人员们哪里还顾得上与家人团聚,他们要争分夺秒地制定卫星抢救方案。而在此时,新的问题又出现了:卫星所处轨道每天都在下降,照此下去,卫星将有可能坠入大气层。孙家栋凭着丰富的经验,果断决定提前对卫星实施点火变轨,卫星成功进入新轨道。此后的两个月,孙家栋带领科研人员攻克多项技术难关,成功排除这颗卫星的故障!

2011年7月27日凌晨,在西昌卫星发射中心发射场上,高高矗立的"长征三号甲"运载火箭已经进入不可逆的倒计时程序,一个多小时后,它将点火发射,把第九颗北斗导航应用卫星送入太空。万事俱备之际,发射场上空突然雷电交加,下起了瓢泼大雨。在这种恶劣天气下,是难以发射火箭的,因为火箭一旦被雷电击中,后果不堪设想。世界航天史上因天气原因推迟发射的例子举不胜举。所有人都在发射控制室里紧张地等待,然而,暴雨如注,片刻不停……在焦急的等待中,气象部门汇报,根据气象分析,两大云团在凌晨5时~6时之间,会在发射场上空形成一个缝隙。一个大胆的设想形成了——在雷电间隙发射火箭!这在世界航天史上闻所未闻。5时44分28秒,"长征三号甲"运载火箭点火发射,宛如一条呼啸的火龙在暴雨雷电中直击苍穹。片刻之后,又是一阵雷声大作,此时,火箭早已穿过云层,飞向预定轨道。孙家栋激动不已,他说:"这次发射创造了恶劣气象条件下中国航天发射的新纪录,我们的指挥官有气魄,我们的操作人员技能高,我们的火箭抗干扰能力强!"

孙家栋在指挥北斗系统工程建设的同时,高度重视北斗系统的应用工作,始终强调北斗要"天上好用,地上用好"。他大力倡导北斗系统的科学普及,致力于北斗系统的应用推广工作,力推北斗系统走进"千家万户"。他还高度重视北斗产业培育,坚持打造"中国芯",推动并见证了北斗系统从无到有,形成完整的产业链。

他积极推动北斗系统的国际化发展,争取国际博弈主动权,带领北斗成为全球卫星导航系统四大核心供应商之一,积极开展北斗与其他卫星导航系统间的合作与协调,为世界卫星导航事业作出重要贡献。

自1994年起,他先后担任"北斗一号""北斗二号""北斗三号"的系统工程总设计师,相继建成"北斗一号""北斗二号"系统,完成"北斗三号"系统立项论证和启动前期工程实施,为中国北斗经天纬地的顺利实现奠定了坚实基础。2015年,他主动请辞,推荐杨长风担任"北斗三号"总设计师。

2020年6月23日,"北斗三号"系统最后一颗组网卫星即北斗第 55 颗卫星发射成功,至此,"北斗三号"全球卫星导航系统星座部署全面完成。此时,依然担任着北斗卫星导航系统工程高级顾问的孙家栋寄语北斗:"北斗全球系统组网,是几代北斗人努力的结果,是中国人的骄傲,希望北斗全球系统稳定运行,服务中国,服务世界。"

年逾古稀,实现中华民族千年奔月梦想

2007 年 10 月 24 日,我国首颗探月卫星"嫦娥一号"发射升空,并成功实现绕月。11 月 26 日,国家航天局正式公布了"嫦娥一号"卫星传回的第一幅月面图像,这标志着中国首次月球探测工程取得圆满成功!让"嫦娥奔月"的神话变成美好现实的,正是孙家栋团队!

发射人造地球卫星、载人航天和深空探测是航天活动的三大领域,我国已经成功发展了前两者,但在深空探测领域当时还尚未起步。其中,月球探测往往是各国开展深空探测的第一步。早在 1994 年,我国航天科技工作者就开展了月球探测必要性和可行性研究。经过 10 年的酝酿,2004 年,中国正式宣布开展月球探测工程,并将其命名为"嫦娥工程"。作为中国月球探测的主要倡导者,时任中国国防科工委副主任、国家航天局局长栾恩杰被任命为"嫦娥工程"总指挥,时任中国航天科技集团公司高级技术顾问孙家栋院士被任命为"嫦娥工程"总设计师,时任国家天文台高级顾问欧阳自远院士被任命为月球应用科学首席科学家。他们三人的组合被誉为探月工程的"三驾马车"。通俗地讲,总指挥负责的是

做什么,总设计师负责的是怎么做,首席科学家负责的是为什么要做。欧阳自远说:"这个团队里,所有的工程技术难题都落在孙家栋身上,其压力可想而知。"2004年,孙家栋已然75岁高龄,年逾古稀的他,又一次接受了新的重任。

"嫦娥一号"工程卫星系统总设计师叶培建院士这样描述孙家栋:"孙家栋真正了不起的地方是,他是一位战略科学家,能确定合理的战略目标。"孙家栋与栾恩杰、欧阳自远一道,战略性地提出了我国月球探测工程分"绕、落、回"三个阶段的实施方案,明确了我国月球探测的发展方向、目标和路线图。一期工程为"绕",即发射月球探测卫星,卫星绕月飞行,并进行遥测,计划于2007年发射;二期工程为"落",即发射一颗月球软着陆器,并携带月球车,进行月球软着陆和自动巡视勘测,计划在2012年前后发射;三期工程为"回",即发射一颗月球软着陆器,进行首次月球样品自动取样并安全返回地球,计划在2017年前后发射。

探月工程由月球探测卫星系统、运载火箭系统、发射场系统、测控系统和地面应用系统五大系统组成,每个系统都有自己的总设计师或总指挥,孙家栋则被大家尊称为"总总师"。面对首次对地球以外的星体进行探测的"嫦娥工程",孙家栋面临着一系列新的挑战:第一,我国卫星到达的最远距离是地球同步轨道,约7万公里,而月球距离地球大约38万公里;第二,研制和发射月球探测卫星是一个复杂的三体定位问题,涉及地球、月球、卫星三体运动关系,与以往发射地球卫星有很大的不同;第三,探月卫星面对的空间环境较为复杂,过去没有经历过;第四,2004年左右,我国在深空探

孙家栋:星斗璀璨耀东方　千年奔月梦成真

测方面的测控尚属空白,而月球探测亟需远距离测控和通信能力的提升……一系列关键技术和难点,不能一一而足。作为五大系统总设计师,孙家栋始终站在工程总体的高度统领各个系统,他坚持工程要根据国情国力,贯彻"有所为、有所不为"的方针,选择有限目标,突出重点,集中力量在关键领域取得突破,循序渐进,持续发展,为深空探测奠定坚实的基础。

对于"嫦娥一号"卫星技术方案究竟该如何制定,他鲜明又谦和地亮出自己的观点:"嫦娥一号"卫星应在满足技术指标要求的前提下,尽量采用成熟的技术,不仅可以提高可靠性,减少资金投入,而且可以缩短研制周期。同时,作为一项新的航天工程,必然要采用大量当代最先进的技术,研制大量新设备。因此,需要将成熟技术和新科学技术交叉使用,最大限度地保证可靠性,保证工程目标的实现,为后续任务奠定尽可能多的理论与实践基础。孙家栋的观点得到了科技人员的高度认可,"嫦娥一号"卫星工程实施正是遵循了这个原则。

对于使用哪种型号的火箭发射"嫦娥一号"卫星,科技人员之间产生了分歧,有的人认为应该用"长征三号甲"运载火箭,有的人认为应该用推力更强的"长征三号乙"运载火箭。孙家栋和大家一起分析讨论,他说:"一项系统工程,并不是说技术最先进、性能最优、功能最强就是最好,关键是要看系统间的协调和匹配,总体最优才是最好,要发挥系统集成优势。'长征三号甲'运载火箭被称为金牌火箭,稳定性强、可靠性高,推力不是最大但够用。我们是第一次去月球,一定要在满足技术指标要求的前提下，尽量使用成熟技术。"孙家栋的分析让大家心悦诚服，消除了分歧。

据孙家栋的夫人魏素萍回忆，研制"嫦娥一号"时，孙家栋常常夜不能寐。有好多次，她半夜醒来发现孙家栋不见了，细听房间里没有一点动静，吓得她大喊起来。原来，孙家栋正在阳台上"看月亮"，他一边看着月亮，一边琢磨着工程技术方案。有一次，他从后半夜开始"赏月"，赏到天空泛起了鱼肚白，魏素萍开玩笑地说："月亮真是好看，是不是该吃早饭了？"自从担任探月工程总设计师后，孙家栋就成了"空中飞人"，他有时一周去三四座城市。"他总是天天跑，穿皮鞋太累，我一年光布鞋就要给他买四五双，他都能穿出洞来。"魏素萍心疼地说。此时的孙家栋，身体状况并不好。1965 年发射返回式遥感卫星时，他因高度紧张而昏厥，此后，神经高度紧张就头晕目眩甚至晕倒的毛病就再也没离开过他。年轻时拼命攻关造成的腰肌劳损病痛也时常困扰着他，有时剧烈的疼痛甚至令他走一步路都很吃力。

正是这位年迈的"拼命三郎"，带领着探月团队，相继攻克了一系列的难题。

2007 年 10 月 24 日 18 时 05 分 04 秒，"长征三号甲"火箭运载着"嫦娥一号"探月卫星点火发射。18 时 29 分，星箭分离，卫星入轨。之后，卫星经过 326 小时的飞行，顺利实施了 8 次变轨，总飞行距离约 180 万公里，成功进入环月工作轨道。在这一个多月的日子里，孙家栋每天待在北京航天城指挥控制中心，遇到卫星运行的关键节点，他常常日夜坚守。在此期间，一段被摄影师抓拍的感人视频流传至今。2007 年

11月5日，当"嫦娥一号"顺利环绕月球的消息传来时，指挥控制中心的人们欢呼雀跃，拥抱握手，而满头白发、年近八旬的孙家栋却悄悄转过身，走到一个僻静的角落，掏出手绢偷偷擦去了眼角的泪水。这是喜悦的泪水，更是艰难探索终获成功的泪水！孙家栋后来回忆道："在这么短的时间内，我们国家能把'嫦娥一号'送到月球上去，尽管是第一次，却这么精准，作为航天人，我的心情十分激动。我为国家有这么大的成就感到自豪！"

"豁出命去爱航天"

孙家栋曾经这样说过："总结我国的航天精神，最主要的一条是豁出命去爱航天事业！"为了国家的航天事业，他可以说是鞠躬尽瘁，死而后已。他曾多次因忘我工作而晕倒，他曾为了奔赴西昌卫星发射中心指挥发射拔掉输液针头，他长期强忍旧疾承担高强度的工作。为了他挚爱的航天事业，他不仅忙得顾不上自己的身体，更是多次将个人得失置之度外。

1969年10月，"东方红一号"卫星已经完成了各系统的研制工作，钱学森带着孙家栋向周恩来总理和中央军委领导汇报卫星研制工作进展。这是周总理第一次见到孙家栋。钱学森将"东方红一号"卫星的研制情况、"长征一号"运载火箭及发射准备的情况做了汇报，孙家栋将卫星的主要技术参数和研制中的重要情况做了具体汇报。周总理非常认真地听取了汇报，同时也询问了很多细节问题。正在讨论之际，孙家栋找了一个合适的契机,郑重其事地向周总理说道:"卫星许多仪器上镶嵌了毛主席金属像章,从感情上来说,大家出于对毛主席的热爱,是完全可以理解的。但从技术角度讲,一是重量超限,二是卫星上天后将会对质量产生影响。"

实际上,孙家栋在见周总理的前一天晚上,根本就没睡好觉,他一直在琢磨这件事到底要不要说,该不该说,该怎么说。他辗转难眠,但他最终决定,为了保障卫星的质量,确保卫星成功上天,一定要斗胆陈言!

周总理随即回复:"大家对毛主席热爱是对的,但是大家看我们人民大会堂,也不是什么地方都要挂毛主席像的。政治挂帅的目的是要把工作做好,而不能庸俗化。搞卫星一定要讲科学,要有科学态度,你们回去以后把道理给大家讲清楚,我想就不会有什么问题嘛。"

周总理的话使孙家栋长舒一口气,多日以来压在心头的石头终于落地了。会后,大家马上按周总理的指示执行,确保卫星顺利上天。

为了航天事业,孙家栋既敢讲,也敢做!

1984年4月8日,我国第二颗试验通信卫星发射升空。两天后,正当这颗卫星进入地球准同步轨道,向预定位置飘移的时候,测控人员发现,卫星蓄电池温度已超上限,并且还在继续上升,原来,这颗卫星发起了"高烧",正在危及"生命"。奋战多日的孙家栋不顾劳累,立即投入"诊断"工作中。通过分析,孙家栋果断提出对卫星进行大角度姿态调整,通过增大太阳的照射角,降低太阳电池阵与蓄电池之间的电压差,减小充电电流,从而使蓄电池停止升温。科技人员立即执行了这一决定,卫星的蓄电池温度随即得到了一定的控制,但仍然没有回到指标范围内,卫星仍不能正常工作。孙家栋通过模拟试验发现,只要对卫星姿态角再调整 5 度,就能使蓄电池温度恢复正常。然而,这个再调 5 度的指令已经超出了孙家栋的权力范围,需要有精确的数据结果和充分的理由支撑,逐级上报,按程序审批签字后才能执行。面对高烧不退的卫星,孙家栋比谁都着急,他知道,经过层层审批再执行这一指令,恐怕就来不及了。为了消除操作人员的顾虑,他录了音,表示全权承担责任。可操作人员依然顾虑重重,他们几个商量了一下,拿出一张白纸,写下"孙家栋要求再调 5 度"的字据,要求孙家栋签名。孙家栋毫不犹豫地"签字画押"。就这样,再调 5 度之后,卫星彻底退烧,并保持了长期的正常运行。

"国家需要,我就去做"

2004 年,孙家栋以 75 岁的高龄担任"嫦娥工程"总设计师,很多人在敬佩之余也表示了不理解。中国探月工程副总设计师张荣桥曾这样说过:"大多数人在这样的高龄都功成身退了。他该得的院士、'两弹一星'奖章都得到了,却仍冒着极大风险出任探月工程总设计师。"而孙家栋对此只有一句话——国家需要,我就去做。

纵观他的一生,他一直在践行这段话:"少年立志筑高楼、修大桥;面对国家充实空军力量的需求他毅然从军;刻苦学习了 7 年航空专业,一纸调令投身导弹事业;在导弹领域钻研 9 年,颇有建树之时,被钱学森点将,转入当时零基础的人造地球卫星领域,一干就是 50 余年。"在孙家栋的心中,永远是个人为轻、国家为重,国家的需要就是他奋斗的方向!

可能有点难以想象,这位航天专家还曾为国家商业航天的发展挺身而出,与美方开展过艰苦卓绝的谈判。

1988 年 5 月,孙家栋出任航空航天工业部副部长。上任不久,他就毅然挑起了中国航天国际合作谈判的重担,担任商业卫星发射服务中国代表团团长,与美国代表团就国际商业卫星发射服务专题进行会谈。他的军令状掷地有声:"改革开放为航天事业创造了这样的机遇,我们就是拼老命也要把这件事做好!"

1988 年 10 月 18 日,孙家栋率代表团在北京与美国政府代表团开始了第一轮会谈。面对强势的美方代表团,他不卑不亢、胸有成竹。美方提供的协议文本中充满了不允许中国这样做或那样做的字眼,甚至还出现了无视中国主权的条款。孙家栋提前预判,早就拟定了相对应的文本,他严肃地对美方代表说:"美方没能按约提供合理平等的条款文本,中方不能在不平等的条款下签订一个不平等条约,如果要谈,只能依据中国提供的文本!"面对美方"中国的卫星发射是在政府补贴下的市场倾销"的强硬指责,他既坚持原则,又耐心解释说,这是因为中国的劳动力远比美国便宜,这恰恰说明中国有竞争力,说明中国应该进入国际卫星发射服务市场享受平等竞争。双方谈到卫星进入中国后的技术安全问题保障时,谈判陷入了僵局。孙家栋巧妙地提出,中国有特区政策,美国卫星的"入关"实际上只是"过境",在中国特区里,有区别于"入关"的开放政策。这一问题迎刃而解。

艰苦的谈判历时两个多月,双方终于在第二轮会谈后签订了相关协议备忘录。结果,正当我国发射外国卫星的各项准备工作积极推进的时候,美方出尔反尔,无端停止向中国发放卫星出境许可证。孙家栋再一次顶着压力率团赴美。经过再次艰苦的谈判,中国终于拿回了卫星出境许可证。

我国从1985年10月宣布承揽对外发射服务,到1990年4月7日将首颗外国卫星发射升空,仅用了不到5年的时间。而发达的欧洲国家为了进入对外发射卫星市场,用了整整8年的时间。孙家栋开创了中国商业航天的新局面,他的航天报国传奇人生又添一份精彩!

"我是一名普通的航天人"

孙家栋一生获得过无数重量级的荣誉和奖励:1999年,党中央、国务院、中央军委授予他"两弹一星"功勋奖章;2010年,他获得2009年度国家最高科学技术奖;2012年6月,国际天文联合会将第148081号小行星命名为"孙家栋星";2017年,他获评"感动中国2016年度人物";2018年,党中央、国务院授予他改革先锋称号,颁授改革先锋奖章;2019年,国家主席习近平签署主席令,授予他"共和国勋章"。每每获得荣誉之时,孙家栋都表示自己很"不安",他总是说:"我是一名普通的航天人,我是替所有的航天人领奖。"他无数次强调:"航天事业是千人、万人共同劳动的结果,我个人的工作是非常有限的。"

宁静淡泊，是孙家栋对待名利的一贯态度。

1970年，东方红卫星研制成功，被运往酒泉卫星发射中心等待发射，而作为技术总负责人的他，却没能去往发射场，而是被安排在北京卫星接收站，负责验证卫星信息的可靠性。孙家栋处之泰然，他认为，和卫星发射相比，个人的事情实在微不足道，即便由于种种原因在客观上开展不了工作，也要从主观上努力想办法多做些事情。卫星发射成功后，国防科委推荐钱学森等17位东方红卫星功臣与毛主席、周总理在天安门城楼上共同欢度"五一"，作为东方红卫星技术总负责人的孙家栋却不在名单之列。他趁着难得的清闲在北京城转悠，看到一家商场门口有许多人排队，上前一打听，原来大家都在抢购出口转内销的毛衣。看着好看的毛衣，他立即想到要给辛劳的妻子买上一件，赶紧加入了抢购的队伍里。拿着买到手的大红毛衣，回家感谢妻子多年来的付出，他心里别提多高兴了。

几十年以后，记者问起他当时的感受，他笑着说："那时，大家都没去追求个人的荣誉，也不会有太大的失落感，因为我干的卫星已在天上了。那晚独自在天安门广场待着，就看这颗卫星什么时候过来，这倒是最关心的事。"

《人民日报》评论员文章曾这样评论孙家栋：孙家栋视自己"仅仅是航天人中很平常的一个"，始终保持低调，从不居功自傲。他的境界里，是"中国航天精神铸造了中国第一颗星"；他的荣誉里，"是中国航天事业的发展成就了自己"。学习孙家栋，就是学习他看名利淡如水，视事业重如山，扎扎实实工作，默默无闻作贡献，全心全意耕耘在工作岗位上。孙家栋是国家的栋梁、民族的脊梁。

如今,孙家栋已是鲐背之年,他仍然在为中国的航天梦呕心沥血、奋斗不息,并对我国航天事业的未来充满渴望和期待。正如他自己所说:"航天是我的兴趣,一辈子也不会累。"

◆ 参考文献 ◆

［1］王建蒙. 孙家栋院士传记［M］. 北京:中国宇航出版社,2014.

［2］王建蒙. 孙家栋传［M］. 北京:中国青年出版社,2015.

［3］《孙家栋故事》编写组. 孙家栋故事［M］. 北京:中国宇航出版社,2011.

［4］王建蒙. 奔月［M］. 北京:当代中国出版社,2007.

［5］殷允岭. 中国著名科学家传记・孙家栋［M］. 北京:中国社会出版社,2009.

［6］张蕾. 孙家栋:国家需要,我就去做［N］. 光明日报,2009 - 07 - 04(01).

［7］张蕾. 孙家栋:星斗璀璨写传奇［N］. 光明日报,2019 - 09 - 23(03).

［8］管筱璞. "礼赞70年"系列报道之四十一:从东方红一号到嫦娥四号［N］. 中国纪检监察报,2019 - 09 - 10(01).

［9］北斗卫星导航系统介绍［EB/OL］. (2017 - 03 - 16)［2017 - 10 - 11］. http://www. beidou. gov. cn/xt/xtjs/201710/t20171011 _ 280. html.

［10］共和国勋章获得者:孙家栋［EB/OL］. (2019 - 10 - 16)［2020 - 04 - 14］. https://tv. cctv. com/2019/10/16/VIDEM5sTbaMFMUVqH9 UfdXWj191016. shtml.

［11］孙家栋:只要国家需要,我就在这［EB/OL］. (2018 - 12 - 27)［2021 - 04 - 12］. http://tv. cctv. com/2018/12/27/VIDEXXAEJ0oip PdPhYyseLHl181227. shtml.

［12］星斗焕文章:孙家栋［EB/OL］. (2017 - 02 - 08)［2021 - 04 -

12〕. https:∥tv. cctv. com/2017/02/08/VIDEGQBlr0asjLQqbg7kK
GVu170208. shtml.

[13] 关于开展向孙家栋同志学习活动的通知(科工综〔2011〕115号)〔EB/
OL〕. (2011－05－25)〔2020－04－14〕. http:∥www. fjirsm. ac. cn/
dj/gzdt/201105/t20110525_3141857. html.

[14] 《人民日报》评论员. 爱国奉献的楷模[N]. 人民日报,2010－12－17
(14).

[15] 主席令! 北斗系统高级顾问孙家栋被授予"共和国勋章"〔EB/
OL〕. (2019－09－18)〔2019－09－19〕. http:∥www. beidou. gov. cn/
yw/xwzx/201909/t20190919_18957. html.

[16] 胸怀大局硕果累累　老骥伏枥志在千里〔EB/OL〕. (2010－12－07)
〔2020－03－20〕. http:∥news. cntv. cn/china/20101207/107671.
shtml.

[17] 孙家栋: 豁出命爱航天事业　个人得失置之度外[EB/OL]. (2010－
12－05)〔2010－12－08〕. http:∥news. cntv. cn/20101205/103684.
shtml.

孙家栋：星斗璀璨耀东方　千年奔月梦成真

袁隆平：

平生祇事稻粱谋　鲐背仍为家国思

　　袁隆平，中国工程院院士，我国杂交水稻研究领域的开创者和带头人，世界著名的杂交水稻专家，被誉为"世界杂交水稻之父"。他在 20 世纪 70 年代利用天然雄性不育的"野败"作为杂交水稻的不育材料，打破了世界性自花授粉作物育种的禁区，以他为首的科技攻关组完成了三系配套，成功培育了杂交水稻，实现了杂交水稻的历史性突破，为我国的粮食安全和农业科学发展作出了重大贡献，同时也为解决世界性粮食短缺问题提供了广阔的前景。2000 年，袁隆平成为首届国家最高科学技术奖获奖者。2019 年 9 月，国家主席习近平授予袁隆平"共和国勋章"。

　　一稻济世，万家粮足，袁隆平一生致力于杂交水稻技术的研究、应用与推广，发明"三系法"籼型杂交水稻，成功研究出"两系法"杂交水稻，创建了超级杂交稻技术体系，让中国人把饭碗牢牢地端在自己手里。

艰难时世下的少年意气

1930年9月7日，袁隆平出生于北平协和医院，家中共有兄弟姐妹6人，他排行老二，因此小名便叫"二毛"。袁隆平的父母都是受过良好教育的知识分子，哪怕是在战火纷飞的年代，一家人多地辗转，也从未放松过对孩子们的教育。无论搬到哪里，都会竭尽全力坚持让他们持续接受教育。

袁隆平的童年和少年时代是在战争的动荡中度过的。自他出生后，袁隆平一家先是离开北平回到江西德安老家，1936年又随父亲迁到湖北汉口定居。随着抗日战争的爆发和武汉的失守，一家人又从水路到湖南桃源，在这里袁隆平的五弟隆湘出生后全家又继续前往重庆。从汉口到重庆，距离并不算太远，但是一家人辗转奔波了一年多，经历了断粮和日军的飞机轰炸，但他们最终顺利抵达重庆。到达重庆之前，一家人以为可以过上一段安稳日子，但脚跟还没站稳，就遭遇了日军的"五三""五四"大轰炸。在这场持续两天的大轰炸中，伤亡民众数以万计，20万人无家可归，从中心城区到嘉陵江畔都化为一片火海。轰炸过后，街道两旁满是枯黑且摇摇欲坠的房屋，还有许多已经烧得无法辨认的尸体。这些触目惊心的惨痛场景，深深地印刻在了少年袁隆平的心里。时隔多年之后，只要提到重庆，他都会讲起重庆大轰炸，他痛心疾首地说："一想起来就心里发紧。不过，这场战争也让我从小懂得了一个道理：弱肉强食。要想不受别人欺侮，我们中国必须强大起来！"

在当时动荡的时局之下,一家人深感流离失所之苦。即便这样,袁隆平的父母仍然没有放弃孩子们的教育。在这个过程中,袁隆平先后上了汉口的扶轮小学、湖南澧县的弘毅小学、重庆的龙门浩中心小学,成绩也经常保持在班级前列。中学时代的袁隆平不仅爱钻研学习,还擅长体育运动,其中最喜欢游泳。在汉口博学中学读高中时,在 1947 年的湖北全省体育运动会上,他出人意料地拿到了两个项目的预赛第一名,并且一举在当届的省运会上拿到了两块银牌!

立志投身农学

1949 年 9 月上旬,袁隆平进入当时处在重庆北碚的相辉学院。刚进入大学时,父亲认为他应该学理工科或者医科,这样对他的前途发展更有利。但是袁隆平却坚定地选择了学农。后来他自己回忆时说道,其实很小的时候他就已经立下了这样的人生志向。早在汉口扶轮小学读一年级的时候,当时的老师带着班级同学出去郊游,参观了一个园艺场。那里绿树芳草,万紫千红,令人流连忘返,加之当时社会上流行的一些园艺图文宣传给袁隆平留下了美好的印象,让他心中特别向往田园之美、农艺之乐,心中学农的种子就逐渐地生根发芽了。虽然父母一开始对此都不支持,但是最终还是尊重了他的选择。

在上大学期间,袁隆平开始真正深入农村,住在农民家,与农民同吃同住。也正是因为这样,他看到了农民的疾苦,看到了农村的真正面貌,进一步坚定了他学农的信念,并暗暗立志要改变农村,为农民做点实事,改善他们的生活。在深入农村的过程中,他逐渐意识到自己所学的知识确有用武之地,凭借自己的力量可以为改变农村作出贡献。他的心中也经常翻涌起小时候目睹的饱受日本侵略之苦,深深感到中国应该强大起来,新中国成立后更应该干一番大事业,为国家作贡献。

袁隆平一开始就对遗传育种专业感兴趣,当时的遗传学说主要来自苏联,课堂上讲授的都是米丘林、李森科的学说。但袁隆平受当时任课教师管相桓教授的启蒙,开始了解孟德尔遗传学。他利用大量的课余时间去阅读国内外多种语种的农业科技杂志,开阔自己的视野。在学习过程中,他经常请教管老师,管老师每次都非常耐心、细致地为他讲解。尽管当时的孟德尔、摩尔根的遗传学观点与主流不相符,但是师生二人仍然经常对此进行交流讨论。袁隆平在这个时候已经表现出敢于质疑权威、独立思考的可贵的学术品质。

上大学期间的袁隆平兴趣爱好广泛。他喜欢音乐,曾在学校合唱团里唱低音,也和同学学拉小提琴,经常与同学聚在一起拉琴唱歌。说起兴趣爱好,袁隆平差点成为专业游泳运动员、空军飞行员。大学时袁隆平的游泳技术仍然是一流的,他参加西南地区运动会的游泳比赛,取得了川东地区第一名的好成绩。在西南地区的选拔赛中,袁隆平没有经过任何培训,取得这个成绩说明他具有很大的潜力。去成都参加比赛时,因为吃坏了肚子,影响了比赛发挥,他只拿到了第四名,排在前面的三名选手都被吸收进了国家队。按照他的潜力,进入游泳队进行专业的训练,将来也一定可以在运动场

袁隆平：平生祗事稻粱谋　鲐背仍为家国思

051

上取得非常不错的成绩。错过了运动员选拔之后,他还参加了空军飞行员的选拔。空军的选拔非常严格,选拔过程是过五关斩六将,苛刻的体检、心理素质检测、政治审查、文化考试等,袁隆平都靠着自己过硬的素质和本领通过了。全校师生还为袁隆平和几位选拔出来的同学开了欢送会,佩戴了大红花,他们俨然就是正式的空军飞行员了。但就在准备去学校正式报到受训的前一天晚上,所有经过选拔的大学生又被退回来了。原因是国家要把主要精力投入经济建设,当时大学生少,从全局上考虑就暂不从大学生中招收空军飞行员了。

安江农校的重大发现

1953 年 7 月,袁隆平大学毕业,被分配到当时的湖南省农业厅,随后被下派到湖南湘西雪峰山脚下的安江农校任教。雪峰山地区居住着土家族、侗族、苗族、瑶族等少数民族,自古以来交通闭塞,自然条件比较恶劣。在来之前,袁隆平在地图上找了很久才找到安江这个地方。同学们都劝说他要做好一盏孤灯照终身的准备,但他却风趣地回应说自己有办法,寂寞的时候可以拉小提琴消遣。所以他在到安江前,就用刚领到的第一个月的工资买了一把小提琴。

到了安江农校后,袁隆平发现学校群山环抱,风景秀美,沅江傍着学校流过,方便游泳,这样的环境让他非常欣喜,一下子就喜欢上了这所学校,开始了长达 18 年的教书生涯。他初来乍到就挑起了大梁,既要教授植物学、作物栽培等农业基础课,又要教授遗传育种专业课,还担任了农学班班主任。尽管教学任务繁重，但他还是乐在其中，与学生们打成一片。除了上课，他还经常带着学生们一起拉小提琴、唱歌、打球，还会带着他们学游泳。

在遗传育种的学术道路上，袁隆平逐渐展露出过人的见解。当时世界上主要有两大遗传育种学派：一派以苏联生物学家、农学家伊凡·弗拉基米洛维奇·米丘林（Ivan Vladimirovich Michurin）和特罗菲姆·邓尼索维奇·李森科（Trofim Denisovich Lisenko）为代表，他们坚持生物的"获得性遗传"；另一派则是奥地利科学家格蕾戈尔·约翰·孟德尔（Gregor Johann Mendel）和美国科学家托马斯·享特·摩尔根（Thomas Hunt Morgan）等人基于基因的遗传学，也被称为现代经典遗传学。新中国成立初期，米丘林、李森科的学说在国内大行其道。但是袁隆平是一个喜欢钻研书本但不迷信书本的人。他按照李森科的"无性杂交"理论，尝试把月光花嫁接到红薯上，希望地下长红薯，藤上的月光花也能结籽；还尝试把西红柿嫁接到马铃薯上，希望地下长马铃薯，茎上结满西红柿等。这些尝试在第一年结果都比较令人满意，达到了实验的预期目标。但是到了第二年，嫁接出来的优良性状并不能遗传给下一代，月光花嫁接红薯的种子播下去，只有地上照样开月光花，地下不再结马铃薯；把西红柿种子播下去，上面还是结西红柿，可是下面根本没有结马铃薯。袁隆平按照米丘林、李森科的理论搞了三年，终是一事无成。他清晰地认识到这种方法不能改变作物的遗传性，李森科鼓吹的那一套与事实不相符合，要坚决抛开他们的学说。1957年，袁隆平偶然看到DNA双螺旋结构遗传密码的研究获得了诺贝尔奖的消息,结合这几年自己做研究的心得,他下定决心要走孟德尔、摩尔根遗传学的道路。

从此以后,袁隆平开始用孟德尔、摩尔根的遗传学来研究农作物。1960年前后,我国遭遇了三年困难时期,全国粮食大规模减产,人们饱受饥饿之苦。这让当时作为一名农业科技工作者的袁隆平非常自责,也让他更加坚定决心要解决粮食增产问题,不让老百姓挨饿。他开始把研究对象对准水稻。在与农民的接触中,他了解到他们经常跑到很高的山上去换种子回来种,还说"施肥不如勤换种",意思就是说,同样的条件、同样的施肥管理,只要种子好,产量就会高,这是最经济、最有效的提高产量的办法。农民们也时常跟袁隆平提起,"希望搞科研的能培育出亩产800斤、1000斤的新品种,那该多好!"这让他意识到,农业要增产,良种至关重要。

于是袁隆平开始采用系统选育的方式来育种。系统选育就是从一个群体中选择表现良好的单株加以培育,再优中选优,最终选育出表现好的品种。那时候袁隆平没有助手,尽管孤身一人行走在稻田间,但他一点儿也不感到寂寞。在他看来,每一株稻禾都是一个独特的生命,蕴含着无限的可能。1961年7月的一天,他像往常一样来到农校的试验田选种。突然,在一块早稻田里,他发现了一株形态特优的稻株,长得非常好,穗子大,颗粒饱满。如果每一株都按这一株的长势来推算,水稻亩产量就可以上千斤!当时他高兴坏了,如获至宝,赶紧给这株水稻做了标记,加以精心培育。到了第二年,他把这株水稻的种子种到田间,每天精心护理,期待着奇迹的发生。

禾苗抽穗后的情形却让他大失所望。抽穗高的高,矮的矮,参差不齐,完全没有上一代的优质性状。但在失望之余,一个灵感在他脑海中闪过:水稻是自花授粉植物,按道理,纯系品种不应该出现分离现象,现在这种参差不齐的情况,是不是就是遗传学上所说的性状分离现象?他通过反复的统计计算,发现高矮不齐的分离比例刚好是3∶1,完全符合孟德尔的分离规律,这也说明他发现的那一株"鹤立鸡群"的优质水稻是一株天然的杂交水稻!此外,他意识到,在湖南籼粳混作的地方,会经常长出"公禾",公禾表现优势强,往往"鹤立鸡群",其实就是天然的杂交株。此时,他已经发现了水稻具有杂交优势!既然自然界存在着天然的杂交水稻,那么水稻这种自花授粉作物就确实存在杂种优势,而且应该也可以通过人工的方法来利用这一优势。

其实在当时,美国科学家通过 10 年的杂交玉米试验,成功地将玉米产量大幅度提升。但是在培育水稻优质品种上停滞不前。那么能否培育新的优质水稻品种?当时袁隆平接触到的经典遗传学理论认为:稻、麦等是自花授粉作物,是不具备杂交优势的,因为在其进化的过程中经过长期的自然选择和人工选择,已经淘汰了不良基因,积累和保存下来的几乎都是有利基因。《遗传学原理》一书在论述"不同生物体的杂交优势"时,也以小麦为例,明确地指出自花授粉作物"自交不会使旺势消灭,异交一般不表现杂种优势"。也就是说,异花传粉植物自交有退化现象,所以杂交才有优势现象;而自花授粉植物自交不会有退化现象,也就不会有杂交优势现象。当时学术界的大环境基本上认定了水稻这种作物是不会有杂交优势的,但是袁隆平的发现打破了当时的这种惯性认知。

那么,如何培育新的优质水稻品种呢? 20 世纪,美国开展了利用玉米杂种优势育种的工作,开创了异花授粉植物杂种优势利用的先河。J. C. 斯蒂芬斯(J. C. Stephens)利用西非高粱和南非高粱杂交选育出高粱不育系 3197A,并在莱特巴英 60 高粱品种中选育出恢复系,利用"三系法"配制高粱杂交种在生产上的应用,为异花授粉作物利用杂交优势开创了先例。袁隆平在广泛查阅国内外有关农作物杂种优势利用的文献后,了解到杂交玉米、杂交高粱的研究都是从天然的雄性不育株开始的。而他根据天然杂交株的存在,判断天然的雄性不育株也必然存在。借鉴玉米和高粱杂种优势利用的经验,他设计采取三系法技术路线,通过培育雄性不育系、保持系、恢复系,实现三系配套,达到利用水稻杂交优势的目的。杂交优势现象是用两个不同品种杂交,而杂交之后的优势只有杂种第一代表现最明显,以后就没有优势了,就会有分离现象,因此需要年年生产杂交种子。

三系配套

袁隆平设计的三系法,具体来讲是需要先找一种特殊的水稻——雄性不育系,这种水稻的雄性花粉退化,不能授粉给自己的雌蕊,只能靠外来花粉繁殖后代。这类品种在自然界中存在的概率是万分之一,非常罕见。有了不育系之后,把它和正常品种相间种植,并人工辅助授粉,就可以大规模地产生杂交种子。三系中另一个品种是保持系。保持系是正常品种,但是有一种特殊功能,就是用它的花粉给不育系授粉,产生的后代仍然是雄性不育系。这样就能够通过用保持系给不育系提供花粉,每年产生大量的不育系种子,保证不育系一代一代地繁殖下去。三系中最后一个品种是恢复系。恢复系是另外一种正常品种,用它给不育系授粉后产生的后代恢复正常可育。如果后代正常可育,在稻谷产量上又比较有优势的话就可以应用于稻田生产了。

在确定了培育路线之后,首先要解决的便是寻找天然的雄性不育株,但是这样的雄性不育株不仅没有见过,在中外文献中也没有记载过。袁隆平只能按照花药不开裂是许多作物的雄性不孕性性状之一来按图索骥。这样的寻找是非常艰辛的,因为天然雄性不育株当时还只是理论上存在,没有人知道它长什么模样。他也不知道之前有没有人发现过,在安江农校能查找的相关资料也极其有限。在水稻开花最盛的六、七月份,天气炎热,他每天在几千几万株的稻穗里凭借肉眼寻找,因为脚长期踩在冰凉的水稻田里,他患上了肠胃病。功夫不负有心人,在 1964 年和 1965 年,他先后检查了几十万株稻穗,一共在 4 个品种中找到了 6 株雄性不育植株。这 6 株雄性不育植株也成了他选育三系研究的起点。

袁隆平开始利用这 6 株雄性不育植株进行盆栽实验,实验结果显示天然雄性不育植株的人工杂交结实率可以高达 80% 甚至 90% 以上,这说明它们的雌蕊正常,杂交繁殖出来的后代的确有一些杂交组合表现非常好,这使他信心大增。经过后续的实验和分析,1965 年 10 月,袁隆平向中国科学院主办的《科学通报》杂志投稿了论文《水稻的雄性不孕性》，并于 1966 年 2 月发表。这篇论文用科学的数据首次论述了水稻具有雄性不孕性，揭示了水稻的雄性不育之谜，同时预言通过进一步选育，可以实现三系配套，从而利用水稻的杂交优势为水稻增产作出巨大贡献。

也正是这篇《水稻的雄性不孕性》论文，对袁隆平开展杂交水稻研究起到了非常重要的推动作用。这篇文章发表后不久，就被国家科委九局的熊衍衡同志注意到，他将这篇文章呈报给了当时的九局局长赵石英。赵局长认为，水稻雄性不育研究不仅是当时国内外研究的空白，而且还将对我国粮食生产产生重大意义，事关国家粮食安全重大战略，于是立刻请示国家科委党组。时任国务院副总理兼国家科委主任聂荣臻表示支持，党组集体讨论予以批准。1966 年 5 月，赵石英以国家科委的名义分别向湖南省科委与安江农校发函，责成他们支持袁隆平从事这项研究。在国家科委的指示下，湖南省科委来安江农校调研。袁隆平起草了《安江农校水稻雄性不孕系选育计划》，省科委决定予以支持并列入省级项目，下拨科研经费 400 元。同年 6 月，由袁隆平负责，加上应届毕业生李必湖、尹华奇，成立了科研小组。

杂交水稻的研究之路并不是一帆风顺的。在政治动荡年代，袁隆平用于培育珍贵的雄性不育秧苗的 60 多个试验钵全部被砸烂。袁隆平看着这些场景只觉肝肠寸断，从 1964 年找到第一株天然雄性不育株开始，他就在这些坛罐中搞试验，而且秧苗的每一代都是相关联的，只要一代秧苗断代了，后面的研究就无法继续，只能从零开始，前面的几年心血就都白费了。妻子邓则安慰道："雄性不育秧苗没有了，还可以重新找到，重新培育，我们还是可以把杂交水稻搞成功的。"在妻子的鼓励下，两人连夜从床上爬起来，悄悄来到试验场地，抢救了残存的部分秧苗。幸运的是，李必湖和尹华奇在此之前，就按照水稻雄性不育株的三种类型各选了一盆，悄悄地藏了起来，保住了水稻雄性不育株的血脉。

　　水稻的生命力和繁殖力都很旺盛，雄性不育秧苗经过反复繁殖，数量已经比较多了。湖南省科委特意派人来了解水稻雄性不孕性研究进展，袁隆平实话实说，恳切地说出了这些年遇到的困境，无论是科研经费还是人员都很缺乏。没过多久，就等来了一个接一个让他喜出望外的消息，李必湖、尹华奇破格留校，省科委决定把"水稻雄性不孕系选育计划"列入省级科研项目，每年下拨 600 元科研经费，这在当时差不多是袁隆平一年的工资了。同时，在省科委的支持下，安江农校成立了由袁隆平和李必湖、尹华奇组成的科研小组，并为其划分了一小片试验田。1968 年春天，袁隆平准备将 700多株秧苗插在学校分的试验田中。同时，为了加快研究进程，他还决定去广东进行秧苗繁育。当时广东省科委干部蓝临非常关照袁隆平一行，把他们安排到南海县大沥公社农科站，让他们得以安心搞试验。蓝临后来也调到了湖南省科委，对发展杂交水稻事业给予了很大的支持。

　　为了寻找优越的水稻育种环境，加速水稻育种的进程，袁隆平带上助手到海南陵水开展研究试验。从 1968 年起，每年 10 月当寒流席卷洞庭湖畔时，袁隆平就和助手们在云南、海南、广东和广西之间辗转。这样一来，一年 365 天几乎天天可以搞试验,大大增加了科研时间。袁隆平和助手们也是在和时间赛跑,一年当作两三年用,就像追着太阳的候鸟,他们连续七年春节都没有回家。在此期间,研究试验遭遇了各种灾难。1970年1月6日,袁隆平在云南元江进行试验时发生了滇南大地震,震级达到里氏7.2级,震中距离元江县150公里。当时是凌晨,袁隆平和助手们被惊醒,眼看房子都要塌了,但想到当时已经浸了种,准备播种,众人又冒险冲进去抢救种子,因为这些种子实在太珍贵了。之后余震不断,为了试验继续下去,他们就在操场睡了整整三个月草席。

海南的育种条件也非常艰苦。那时的海南岛还隶属广东省,是广东省较为偏远落后的地区之一,但却拥有丰富的自然生态,是南繁育种的天堂。袁隆平最初几年的南繁育种没有固定场所,一直在岛上多地辗转。好在海南岛是国家农垦基地,拥有近百个国有农场。这些地方比一般农村的条件要好一些,他们可以借宿在农场的仓库里,但是蚊子、蟑螂、老鼠、蛇的骚扰一刻也没有停。每天早上醒来,他们的皮肤都奇痒无比。最可怕的是还有毒蛇,要是被咬到,严重的还会有生命危险。哪怕是在这样的环境里,袁隆平团队也坚持学习,看文献,搞育种。从1964年到1969年的六年间,袁隆平用已发现的无花粉、花药退化和花粉败育三种栽培稻的雄性不育株,先后与近1000个品种和材料做了3000多个杂交组合的试验,但是一直都没有育成理想的不育系。总体来说,研究进展不大。即便遭遇成百上千次的失败,袁隆平仍然保持乐观,坚信当初设想的三系配套方案一定可以实现,但是需要总结经验教训。

1969 年冬天,在云南元江,袁隆平召集助手们一起坐下来认真总结前面六年的工作。经过分析发现,在这些试验中,尽管杂交试验所用的材料很多,但是它们与用作母本的不育材料都是栽培稻,而且亲缘关系较近;个别试验结果较好的品种,则与不育材料的亲缘关系较远。袁隆平联想到国外通过南非高粱和北非高粱的远缘杂交才获得成功的示范,一下子看到了问题症结所在:这些年来试验的材料,均是国内水稻栽培品种,且以矮秆为主,亲缘太近。要实现突破,必须拉开亲缘关系的距离,要广辟途径,多渠道地寻找和获得雄性不育材料。这样一来,袁隆平决定,寻找野生稻,从亲缘关系较远的野生稻上寻找突破口。

　　1970 年,袁隆平来到海南三亚进行水稻繁育研究,同时继续收集野生稻资源。那时他住在海南南红农场,还经常给助手们讲课。农场的冯克珊等几位技术员也来跟班学习。正因为如此,冯克珊也知道花粉瘦瘪就是不育。到了 11 月份,野生稻开始抽穗扬花,23 日这天,冯克珊和李必湖等人外出寻找野生稻。他们来到南红农场与三亚机场公路之间铁路涵洞的水坑沼泽地段,这里种植了一片面积大约 200 平方米的普通野生稻。他们看到这里的野生稻花药十分肥大,颜色鲜黄,生殖性状极易识别。紧接着,他们发现 3 株稻穗的花药有些异常,认为这 3 株很像试验田里的不育株的花药,由此推断,这很可能是一株雄性不育的野生稻。他们非常高兴,随即把它连根拔起,搬回试验基地做镜检。结果与试验田里不育株的镜检结果一致!当时袁隆平在北京,接到电报之后火速赶回了海南三亚。经过仔细观察,他最终确认这的确是花粉败育的野生稻,当即高兴地把它命名为"野败"。随着研究试验的进一步深入,"野败"成为研究的突破口,并在试验中显示出巨大的优势。到1973年,袁隆平种了上万株"野败",全部不育,没有一株有花粉。这个时候,袁隆平才如释重负,看到了曙光。

后来在谈到发现"野败"的功绩时,袁隆平指出:"有人讲发现'野败'只是靠运气,这里有一定偶然性,但必然性往往寓于偶然性之中。一是李必湖与冯克珊是有心人,是专门来找野生稻的;二是他们有这方面的专业知识,所以宝贵的材料只要一到他们手里,就能一眼识出。别人即使身在宝山,也不见得能识宝。"美国著名农业经济学家唐·帕尔伯格(Don Paarlberg)先生在他的著作《走向丰衣足食的时间》中专门论述了袁隆平的杂交水稻和发现"野败"的意义。他将发现"野败"的意义与安东尼·列文虎克(Antony van Leeuwenhoek)通过对一滴污浊死水的观察发现了微生物、爱德华·詹纳(Edward Jenner)看到挤牛奶的女工没有一个得天花从而发现了疫苗等作比较,认为能从现象抓住事物的本质即是科学工作的本质。

在发现"野败"之前,袁隆平曾于1970年在湖南常德召开的湖南省第二次农业学大寨科技经验交流会上发言。当时杂交水稻还没有取得明显进展,相信袁隆平科研设想的人也不多。尽管如此,湖南省农林局还是决定支持袁隆平的研究,将"水稻雄性不育研究"列入第一个年度科研计划重大研究课题,之后一直持续到1990年,每年都列入年度科研计划,拨给科研经费。水稻研究也从此成为全省协作项目,掀起了一股水稻雄性不育研究热潮。在发现"野败"后,袁隆平认为有必要及时公布"野败"最新的研究成果,以便争取更多的人参与进来。也正是由于"野败"的发现,全国在雄性不育系选育工作方面也转入以培育质核互作型不育系为主,特别是利用野生稻与栽培稻杂交获得雄性不育系,以期实现三系配套。这样一来,一向冷清的南红农场一下子变得热闹非凡,全国十几个省市的科研人员浩浩荡荡地汇聚到这里,开展杂交水稻三系配套协作攻关。袁隆平也把"野败"材料分送给了全国18家有关单位。

1972年3月,"水稻雄性不育研究"被列入全国农林重大科研会战项目,此时已有19个省、区、市开展相应研究工作。同年10月,全国杂交水稻科研协作会议在湖南长沙召开,19个省、区、市的农业科研机构和部分大专院校成为协作单位,此后全国各地有关农业科研单位都在利用"野败"细胞质不育材料,大大加速了利用"野败"与栽培稻杂交转育的进程,这一举措也成为正式启动全国杂交水稻大协作的标志。在开展广泛协作的基础上,袁隆平很快摆脱了几年来研究工作的困境。他用"野败"与不同的籼稻、粳稻杂交,很快育成我国第一个水稻不育系"二九南1号A"及其相应的保持系"二九南1号B"。在此期间,江西、新疆、广西等地也分别获得了农艺性状一致、不育株率和不育度达100%的群体。至此,我国第一批"野败"细胞质骨干不育系和相应的保持系宣告育成。

1972年冬,三系选育的重点转入恢复系选育,全国农业科技人员又再次云集海南进行南繁试验。经过大家的努力,全国杂交水稻研究协作组终于在 1973 年从东南亚的一些品种中测得具有较强恢复力和较强优势的恢复系。例如,广西协作组首先筛选出 IR24 和泰引 1 号,湖南、江西、广东也分别报道了 IR24、IR661 和古 154 等恢复系品种。据湖南省农业科学研究院 1974 年底统计的"野败"三系测交品种名录,仅测交恢复的品种就有 344 个、保持品种 1 033 个、"野败"籼稻同型不育系 74 个。1973 年 10 月,第二次全国杂交水稻科研协作会议在江苏苏州召开。袁隆平代表湖南省水稻雄性不育系研究协作组作题为"利用'野败'选育三系的进展"的发言,正式宣布籼型杂交水稻三系配套成功。这次会议标志着我国水稻杂交优势利用研究取得了重大突破,我国仅用 3 年时间就成功地实现了杂交水稻的三系配套,这也预示着我国应用水稻杂种优势的时刻即将来临。

在实现三系配套之后,就需要攻克优势组合问题。这个问题实际上就是水稻到底有没有杂种优势的问题。袁隆平打算用试验来证明。1972 年夏,他在省农科院的长沙马坡岭的稻田里做了个试验,结果杂交稻前期的长势比较好,对照种只有七八寸高的时候,杂交稻就有一尺多高了;对照种一株只有四五个分蘖,杂交稻有七八个分蘖。这个反差已经让试验人员在心里暗暗吃惊了,甚至还出现了"三超杂交稻"的口号,"三超"指的是超过父本、超过母本、超过对照品种。这个口号还引来了省里领导的实地察看。但最后的关键还是在于杂交稻能产出多少粮食。待到秋天收获时,长势上一直保持强大优势的"三超杂交稻"产量却比对照种还要少,但稻草却比常规品种多了七成! 这样一来对杂交稻的研究就冒出了许多不同的声音,那些原本就不看好杂交稻研究的人颇有微词。在这个节骨眼上,省里召开会议讨论是否继续支持杂交稻研究。当时,常规育种派占有绝对优势,会上一个接一个地质问杂交稻的研究人员,言语激烈,更像是在兴师问罪。在难以争辩的事实面前,即使心中不服,杂交稻的研究人员也都一个个低下了头。压力最大的是袁隆平,他冷静地思考了一下,站出来说道:"的确,从表面上看,我们这个试验是失败了,因为我们的稻谷减了产;但是从本质上讲,我们是成功的。为什么?因为现在争论的焦点是水稻这个自花授粉作物究竟有没有杂种优势,我们现在用试验证明了,水稻有强大的杂种优势,至于这个优势表现在稻谷上还是稻草上,那是技术问题。这是因为我们经验不足,配组不当,使优势表现在稻草上了。我们可以改进技术,选择优良品种配组,使其优势发挥在稻谷上,这是完全做得到的。"这样的一番话让杂交稻的研究人员重新找回了自信,与会的专家学者们也都被说服了。之后袁隆平回忆起来,也认为这说明了"失败是成功之母",有好多事情,失败里面包含着成功的因素。搞科学试验,要善于总结经验教训,不要一失败就灰心丧气,止步不前。

袁隆平摸索出来的基本规律是:选择亲缘关系较远、优良农艺性状互补、亲本之一是高产品种的恢复系与不育系杂交,可以选育出营养生长和生殖生长优势都强的优良组合。后来袁隆平用"二九南 1 号 A"与恢复系 IR24 配组,育成了"南优 2 号"。当时在安江农校试种,中稻亩产达 628 公斤;双季晚稻种植 20 亩,亩产 511 公斤,在贵州金沙县亩产更是超过800公斤。"南优2号"成为我国第一个大面积生产上应用的强优势组合。1974年秋，从湖南到广西频频传来喜讯，第一批强势组合表现出很大的增产优势。全国杂交水稻第三次会议的代表在广西南宁考察验收了杂交水稻产量，证实杂交稻亩产一般都超过了500公斤。1975年，在湖南省农科院种植杂交水稻百亩示范片，平均亩产超过500公斤，高产田块亩产达670公斤。示范非常成功，影响很大，省里组织了各县、区、公社的干部来参观学习。这一年，杂交水稻在广西、江西、湖南、广东等十多个省（区）种植了5600多亩。在较好的栽培水平下，大面积亩产一般都在500公斤以上，高的超过600公斤。1975年10月，第四次全国杂交稻科研协作会在长沙召开，会议总结了几年来科学研究的成果，认为杂交稻大面积生产应用的时机已经成熟。至此，我国成为世界上第一个在生产上成功利用水稻杂种优势的国家。

制种和大规模推广

"三系法"杂交水稻要在大面积生产中应用，还有最后一道难关要闯，那就是"制种关"。这就是之前农民们所说的"施肥不如勤换种"。这里要区分一下育种和制种。育种和制种密切相关但不能混淆。育种是通过物理、化学、生物的方法，改变农作物品种的遗传特性，改良和培育出高产、稳产、优质、高效的新品种。制种则是将培育成功的农作物品种投入批量生产，生产出大量的新品种的种子，再投入实际生产中。因为杂种优势只表现在第一代上，所以每年都要制种,生产第一代的种子。

水稻属于严格的自花授粉作物,加上各种不利条件,当时很多人认为即使有了三系配套,有了强优势组合,也很难过制种这一关。也正是由于这些原因,原本在杂交水稻研究领域一度领先的日本、美国的农业科研机构以及国际水稻研究所,都被卡在了制种关,他们的研究成果只能是"温室里的秧苗",走不出科研人员的试验田。

袁隆平认为,水稻还是保留了一些有利于异花授粉的特性,例如其花粉小而光滑,开颖授粉,柱头外露,裂药时几乎全部散出,随风飘扬。这些特征和特性是能够进行杂交制种的前提。袁隆平推断只要在技术上对这些方面加以利用,杂交制种的产量是可以提高的。然而,第一年袁隆平制了 2 亩多田的种,每亩只收获了 17 斤。经过多次试验,他修正了认识:影响制种产量的因素不是花粉量不足,而在于要使花粉均匀地散布在母本柱头上,其中以父、母本的花期花时相遇为关键。于是,他重新设计方案,采取了一系列针对性措施,最终达到了亩产 60 斤的目标,完成任务。后来,全国各地都开始制种试验,袁隆平也到各地做技术指导,亩产也逐步攀升到 370 斤。

袁隆平之后认真总结杂交水稻试验过程中的经验,从理论上进行概括和升华。从发表第一篇重要论文《水稻的雄性不孕性》以来,他带领助手们在农田里走过了十来个春秋,把最初的科学设想变成了现实,在这个过程中,积累了丰富而宝贵的经验。1976 年,袁隆平的专著《杂交水稻》由中国农业出版社出版。1977 年,论文《杂交水稻培育的实践和理论》在

《中国农业科学》杂志上发表。这些都是袁隆平为我国乃至全世界杂交水稻应用工程理论体系作出的具有开创性的卓越贡献，奠定了这一学科的理论基础。在他的理论指导下，我国的油菜、辣椒、瓜类和麻类等一系列经济作物的杂交技术相继取得成功！当时，国际上这样评论中国的杂交水稻：中国杂交水稻是在脱离了西方这个所谓农业科学源头的情况下，自己创造出来的一项成果！

随着杂交水稻的大面积推广并取得巨大生产效益，杂交水稻技术受到了国家的高度重视。1981年，党的十一届六中全会通过的《关于建国以来若干历史问题的决议》中，把籼稻型杂交稻的研究成功与氢弹、人造卫星的发射回收，并列为我国科学技术的重大成就。1981年6月6日，国家科委和国家农委在北京联合举行我国第一个特等发明奖授予仪式，袁隆平从时任国务院副总理方毅手中接过了奖章和证书。

成立湖南杂交水稻研究中心

湖南省的杂交水稻协作攻关工作，原来一直是由省农科院水稻研究所负责组织实施的，随着杂交水稻研究事业的深入发展，有必要成立一个全国性的专门机构来加强和协调杂交水稻的研究工作，并保持我国在杂交稻研究领域的领先地位。

1983年初，湖南省科委提出成立湖南杂交水稻研究中心，并决定由袁隆平出任研究中心主任。当时他还在海南进行南繁工作，接到通知时感到十分惊喜和诧异。他认为自己作为一名无党派人士,长期以来只负责技术工作,从未挑过这么重的担子,这是组织对自己的信任,同时也深感责任重大。1984 年 6 月 15 日,湖南杂交水稻研究中心举行成立大会。当时,研究中心在长沙本部有约 180 亩试验田,另外在海南三亚设有南繁基地,有 60 亩试验田。随着事业的发展,该研究中心陆续建起了温室、种子仓库和人工气候室等科研必备配套设施,并配备了各种大、中型科研仪器 200 多台(件)。按照最初建成国内外第一家杂交水稻专业科研机构的定位,该研究中心迅速发展并具备一定规模。事实上,它已经成为国内乃至国际上杂交水稻的主要研发机构。1994年 12 月 16 日,时任国务院总理李鹏亲临湖南杂交水稻研究中心视察指导工作。为促进杂交水稻事业的更快发展,袁隆平向李鹏总理呈送了依托湖南杂交水稻研究中心的基础组建国家杂交水稻工程技术研究中心的报告,总理当即批示同意,并拨发 1 000 万元经费,支持中心进一步建成杂交水稻科研成果的主要产地和辐射源。

　　面对 20 世纪七八十年代我国在杂交水稻的研究和利用上取得的辉煌成绩,袁隆平认为,从育种上分析,杂交水稻技术仍处于发展的初级阶段,还蕴藏着巨大的增产潜力,具有广阔的发展前景。根据国内外对水稻杂交优势利用研究的新进展,以及 80 年代以来水稻光温敏核雄性不育基因与广亲和基因等新发现,加上现代生物技术的不断进步,袁隆平认为,要想在产量或优势利用等方面取得新突破,育种上必须采用新材料和新方法,打破三系法品种间杂交的条条框框。因此,他在 1986 年提出了杂交水稻的育种战略。简略地说,该战略可划分为三步:第一步,三系法为主的品种间杂种优势利用;第二步,两系法为主的亚种间(籼粳、籼爪、粳爪)杂种优势利用;第三步,一系法为主的远缘杂种优势利用。通过整理思考与推断,他发表了《杂交水稻的育种战略设想》,这篇文章后来也被业界视为杂交水稻发展的纲领性文献,被广泛采用,成为杂交水稻育种发展的指导思想。

在这之后,国家"863"计划将两系杂交稻的研究列为专题项目。经过9年的攻关,两系法杂交稻于1995年获得了成功。两系法杂交水稻的成功是作物育种上的重大突破,也使我国继续保持了杂交水稻研究的世界领先地位,"两系法杂交水稻技术与应用"项目获得2013年度国家科学技术进步奖特等奖。

走向世界

在世界粮食版图上,水稻是第二大粮食作物,全世界一半以上人口以稻米为主食。"杂交水稻覆盖全球"是袁隆平的一个梦想。尽管以袁隆平为代表的中国科学家为培育杂交水稻付出了巨大的心血,但他们从未独享杂交水稻的胜利果实,而是积极将杂交水稻推向全世界。

1982年秋,国际水稻研究所举行一年一度的国际水稻学术报告会时,研究所所长斯瓦米纳森(Swaminathan)博士未提前打招呼,庄重地将袁隆平请上主席台。在这个过程中,他们前方的屏幕上出现了袁隆平的巨幅头像,还有一行醒目的英文——杂交水稻之父袁隆平。此时,来自世界各国的专家一起起立,向他行注目礼。斯瓦米纳森博士说道:"今天,我十分荣幸地在这里向你们郑重地介绍我的伟大的朋友、杰出的中国科学家、我们国际水稻研究所的特邀客座研究员——袁隆平先生,我们把袁隆平先生称为'杂交水稻之父',他是当之无愧的!他的成就不仅是中国的骄傲,也是世界的骄傲。他的成就给世界带来了福音!""杂交水稻之父"的称呼在国际上就这么传播开来。袁隆平数十次赴国际水稻研究所,或是参加学术会议,或是做技术指导,或是开展合作研究,与世界各国科学家一起合作研究,推动全球杂交水稻事业的发展。

20世纪90年代,联合国粮农组织把各水稻生产国发展杂交水稻作为增产粮食、解决粮食短缺问题的首选战略项目。它为15个国家提供经费,推广杂交水稻,袁隆平被聘为首席顾问。他曾先后多次到印度、越南、菲律宾、缅甸、孟加拉国等国进行技术指导并接受咨询,为这些国家建立起了一套发展杂交水稻的人才和技术体系,先后提供了50多个杂交水稻组合在南亚和东南亚进行试种推广。

2004年,袁隆平荣获"世界粮食奖"。世界粮食奖基金会在给袁隆平的颁奖词中赞誉道:袁隆平教授以30多年研究的宝贵经验和为促使中国由粮食短缺转变为粮食充足供应作出的巨大贡献而获奖,他正在从事的"超级杂交稻"研究,为保障世界粮食安全和解除贫困展示了广阔前景;他的成就和远见卓识,还营造了一个粮食更为富足、粮食安全具有保障的更加稳定的世界。

2001年2月19日,中共中央、国务院在人民大会堂隆重召开国家科学技术奖励大会,其中包括首次由国务院颁发的国家最高科学技术奖,大会宣布将 2000 年度国家最高科学技术奖授予袁隆平和吴文俊。进入新世纪,袁隆平仍然十分关心杂交水稻研究,对"中国超级杂交水稻"提出了选育理论和方法,同时非常注重人才队伍培养,让年轻人继续学习和参加国内外学术交流,创造环境使他们在学术上有建树、在科研上有成果,成为德才兼备的学术带头人。国家和全球的粮食安全问题,袁隆平更是时常挂念在心,他认为粮食问题始终是戴在我们头上的一道"紧箍咒",并且只能依靠我们自己来解决。

科学家精神

袁隆平后来在回顾自己的科研历程时,也谈到自己的一些体会。首要的是搞科学研究的大方向要对,这是一个关键前提。杂交水稻研究刚开始的时候,各方面条件都不行。袁隆平也只是一名普通的中等农校教师,而老一辈的很多专家都认为水稻这个自花授粉作物没有杂种优势,但他通过研究,坚信杂种优势既然是生物界普遍规律,那么水稻就不会例外。从此他认定了这个方向,不走回头路,默默干工作,在最艰难的关头也未曾放弃过。

很多人都在问袁隆平成功的秘诀是什么,他认为,其实并不存在什么秘诀,主要的体会就是"知识、汗水、灵感、机遇"八个字。

首先是知识。知识是创新的基础。在科技发达的当下,知识就是力量的道理是显而易见的。其次就是要流汗水。任何一项科研成果都来自深入细致的实干、苦干。对于杂交水稻,更是需要实践。要下到田地里去,肯定要流汗。再次是灵感。灵感在科学研究中也有非常重要的作用,但是灵感也不是空穴来风,而是知识、经验、思索和孜孜追求综合在一起后升华的产物,它往往在外部因素的刺激下突然产生。当年袁隆平从发现"鹤立鸡群"的稻株,到"忽然"间产生"天然杂交稻"的念头,就是一种灵感。但这种灵感是袁隆平多年来不停地搜索和思考的结果。最后是机遇。"野败"的发现在整个杂交水稻的研究中就是一个很重要的关键点。这里有运气的成分,但绝不能说是只靠运气。李必湖和冯克珊能找到"野败",一是他们是有心人,是专门来寻找这种植株的;二是他们有着相关的专业知识,所以才能一眼识宝。

面对成功之后获得的荣誉,袁隆平从来不是站在自身的立场,而是站在研究作出成果、为粮食安全作出贡献的立场上来看待。袁隆平的童年是在抗日战争的烽火中度过的,所以他深知民族的屈辱和苦难。当他能用科学成就在世界舞台上为国家争得一席之地时,他说,"杂交水稻之父"的称谓也好,美国科学院外籍院士的头衔也好,荣获各种名目的国际性科学大奖也好,自己首先想到的都是为中国人争得荣誉和尊严。

◆ 参考文献 ◆

[1] 袁隆平,辛业芸. 袁隆平口述自传[M]. 长沙:湖南教育出版社,

2010.

［2］叶清华,邓湘子.不再饥饿：世界的袁隆平[M].长沙：湖南文艺出版社,2007.

［3］陈启文.追逐太阳的人：杂交水稻之父袁隆平[M].郑州：河南文艺出版社,2017.

［4］席德强.改变世界的一粒种子——记杂交水稻之父袁隆平[M].北京：北京大学出版社,2015.

［5］刘永谋.育种大师：袁隆平、刘振声[M].北京：中国科学技术出版社,2012.

黄旭华：

为国埋名三十载　此生无悔铸蛟龙

黄旭华，中国工程院院士，曾任核潜艇工程副总设计师、总设计师、研究员、高级工程师、名誉所长。中国舰船设计专家、核潜艇研究设计专家。长期从事核潜艇研制工作，开拓了中国核潜艇的研制领域，是中国第一代核动力潜艇研制创始人之一，被誉为"中国核潜艇之父"，为中国核潜艇事业的发展作出了杰出贡献。主持完成中国第一代核潜艇和导弹核潜艇研制，分别获 1985 年和 1996 年国家科学技术进步奖特等奖，1989 年被授予"全国先进工作者"荣誉称号。2019年 9 月，被授予"共和国勋章"。2020 年 1 月 10 日，获国家最高科学技术奖。

众所周知，在海洋战争中，潜艇独具的高隐蔽性，使其具有极其强大的威力，不仅可以作为海洋战争的核心武器，而且在战争中发挥着极其重要的战略功能。潜艇既然是水下武器，自然"潜伏"的时间越久越好。因此，以核反应堆为动力来源设计的核潜艇，无疑是潜艇中的"霸主"。可以说，谁拥有了核潜艇，谁就拥有了守卫国家海洋领土的实力，谁就是当今世界海洋战备中不可忽视的一支力量。迄今为止,全世界公开宣称拥有核潜艇的国家有 6 个,分别是美国、俄罗斯、英国、法国、中国、印度(印度核潜艇正在建设中)。其中,中国的核潜艇发展经历了一个相当艰难的历程,而承担设计、研发主要任务,被誉为"中国核潜艇之父",2019 年度国家最高科学技术奖获得者——黄旭华院士的人生,同样充满了传奇色彩。

"杏林之家"走出的交大学子:二十五载求学岁月

黄旭华祖籍广东省揭阳县,祖父黄华昌是一名武秀才,粗通医术。黄华昌育有三子,黄旭华的父亲排行老二,名树毂,母亲曾慎其,自中学毕业后他们即进入汕头教会创办的福音医院跟随英国医生研习医术,黄树毂专修内科,曾慎其主修妇科,他们曾开过医务所、药房,悬壶济世,仁慈博爱。所育六子二女中,黄旭华排行老三。黄家因为两代行医,是当地颇有名望的杏林之家,黄旭华的双亲,不仅职业道德高尚,更是在为人处世中节义分明,是当时乱世中的一抹难得的亮色。父亲黄树毂面对日军的威逼利诱,坚决拒绝担任为日本人做事的维持会会长职务,日本军官恼羞成怒,把他一脚踢翻,将刀架在他的脖子上,并以家人性命相威胁,黄树毂仍然不屈服。20 世纪 20 年代后期,黄家居住的一带流行霍乱,当地政府束手无策,黄树毂毅然从香港采购药品,免费给乡亲们注射、使用,阻止了一场灾难性的瘟疫蔓延,受到远近乡亲的尊敬与爱戴。1945 年 8 月抗战胜利后,黄树毂又带头集资,创办了白沙中学,使当地孩子们有学上。母亲曾慎其不仅心地善良、吃苦耐劳,还颇有胸怀宽广、深明大义的须眉风范,作为一名助产士,她从不计较接生费用,对于穷苦人家则分文不取,她总是安慰拿不出钱的人说,等孩子长大了,叫她一声"义姆"(即干娘)就行。她去世的时候,就有许多包括当地公社书记在内的,她压根不认识的"干儿子"为她送行。黄旭华的双亲所做的这一切,都远远超出了作为医生的职责范围,他们尽自己的最大能力去帮助他人,乐善好施。父母的言传身教,从小就深深影响着黄旭华的成长,他和兄弟姐妹们在谈起父母时,无不潸然泪下,感慨双亲的德、义、善、勤,可以说,从小父母亲就为黄旭华的成长打下了良好的人格基础。

黄旭华生于1924年2月24日,原名黄绍强,后改名黄绍华,由于时局混乱和个人家庭际遇,先后辗转田墘镇树基小学、作矶小学、汕头聿怀中学、梅县广益中学、桂林中学、交通大学学习。他自幼就表现出爱读书、善读书的天赋,当时,他的二哥上学总会带上他,在既没有老师要求,也没有父母督促的情况下,他自己默默学会了二哥上课的绝大部分课程。二哥背不出来的课文,他常常能熟练背诵。在辗转就读于不同的中学期间,混乱的社会局势与艰苦的学习、生活条件,反而逐渐培养出黄旭华吃苦耐劳、心思缜密的品质。中学毕业、完成大学先修班学习后,他被秘密保送至中央大学航空系,但他同时报考了交通大学造船系,并以第一名的成绩被交大录取。之所以要报考交通大学造船系,一方面,他本人并不知道自己已经被保送;另一方面,在不同中学读书期间所亲历的日军飞机的狂轰滥炸,亲眼看到众多同胞倒在血泊中后,他立志要为中国的国防建设作出贡献,因此,他所选择的都是航空、造船等能直接提升国防实力的对口专业。最终,他做出决定,带着梦想与期待,进入交通大学开始了为期四年的学习。

在交大的学习岁月中,黄旭华学习刻苦,四年下来没有一门功课不及格,为将来的工作打下了扎实的知识基础。他还参与和组织了各种学生运动,加入地下党,智斗敌特,生活不仅充实而精彩,其中还有许多鲜为人知的故事。黄旭华在交大加入的第一个社团名字叫作"山茶社",是交大学生自发组织的进步学生社团。由于他自幼熟练掌握口琴和扬琴,并且积极参加山茶社的各类活动,对文艺演出抱有热情,逐渐成为活动积极分子,在山茶社中,结识了一大批进步青年,其中包括《人民日报》《中国老年报》著名记者、笔名"金凤"的蒋励君,后曾任第七届全国人大副秘书长的李钟英等。1947年5月13日,黄旭华跟随交大学子一起,参加了在历史上留下浓墨重彩的一笔、轰轰烈烈的"护校运动",虽然不是领导,但黄旭华是当时最富有号召力的人员之一,"我有这套本事,我一站起来,两手一挥,底下就跟着我一起唱"。

由于黄旭华本身的音乐才艺,再加上在山茶社和许多学生运动中积累了不少实践经验,1948年初,他开始领导因进步思想愈发明显而受到国民党特务限制的山茶社分出的学生组织——"大江歌咏团",他既是合唱团的指挥与领唱,又作为主要负责人带领大家继续组织各种进步宣传活动。而此时鉴于全国解放的形势和当时交通大学地下斗争的需要,组织上决定撤销山茶社,同时成立另一个新的学生组织"晨社","晨"即寓意着上海和交通大学即将迎来的解放,由黄旭华担任社长。此时,黄旭华已经成为地下党组织的重要成员。1948年底,全国解放的形势已然明朗,但国民党军队还要做垂死挣扎,国民党特务对地下党和进步学生的抓捕开始变本加厉起来。其中,黄旭华亲身经历的两件智斗敌特的事情,令他记忆犹新。

第一件事是帮助他的好友、交通大学学生会主席厉良辅成功躲过国民党特务的抓捕。1948年底的一天深夜,厉良辅和黄旭华所住的一楼宿舍突然响起急促的敲门声,当时厉良辅已经进入梦乡,黄旭华还没有休息。于是他就问"外面是谁,什么事?"敲门的人就说是来通知厉良辅去学生会开会。厉良辅睡得迷迷糊糊的,下意识就起身穿衣服,准备出去。黄旭华此时察觉不对,立马拦住他,说:"厉良辅,你是学生会主席,怎么学生会开会你不知道,还要别人来通知你?"厉良辅经他提醒,才发觉事情不对,两人朝窗外一看,发现好像有几个人影蹲在宿舍外的大树下面。大半夜谁没事蹲在那里?学生会怎么这么晚开会?学生会开会主席居然不知道?两人略一思索,就明白过来,这应该是国民党特务混进学校抓人来了。黄旭华就明确对厉良辅说:"不能去!"敲门声又响起来了,黄旭华就说:"厉良辅已经去开会。"外面的特务自然不会相信,就想强行用配好的钥匙开门直接冲进来抓人,黄旭华和厉良辅赶紧死死把门顶住,此时,情况十分危急,黄旭华急中生智,大喊道:"同学们,特务来抓人了!"这一喊,整栋宿舍楼的同学都朝这里赶过来,国民党特务不敢明火执仗地抓人,怕事情闹大,影响不好,赶紧仓皇逃跑了。

第二件事是黄旭华机智地躲过了国民党军队的大逮捕。1949 年 4 月底的一天晚上,由于上海解放在即,黄旭华正与同学们做迎接解放的准备工作,一直忙到凌晨。突然外面传来一阵机关枪的扫射声,大家都很兴奋,以为是解放军入城了,赶紧穿好衣服准备迎接解放军。令人意想不到的是,黄旭华刚出宿舍门,就发现一群国民党宪兵冲进来抓人。此时,回宿舍还是会被抓出来,往前走等于自投罗网,怎么办?他急中生智,闪身躲进了公用的洗脸间,洗脸间有一条很长的洗脸用的水槽,他就躺在水槽下躲起来。此时,宪兵清点抓人的声音越来越近了。正好有一个同学来洗脸,发现了躲在水槽下的黄旭华,就指点他说,躲在水槽下迟早会被发现的,这会儿二楼和三楼的宪兵正在换岗,中间有时间差,而且三楼已经被查过了,建议黄旭华赶紧躲到三楼去。黄旭华二话不说,迅速冲到三楼,推开一间宿舍就躲了进去。刚进去就听见楼下的宪兵骂骂咧咧地嚷嚷着跑掉了几个房间的学生,他这才死里逃生,躲过一劫。

在交通大学四年的学习与生活中,黄旭华不仅充分发挥出自身从小培养出的才华,更在各种文艺活动与学生运动中,磨砺了自身的意志,树立了正确的价值观。在专业学习中,他又得到叶在馥、辛一心等老师的指导,为日后从事核潜艇的研制打下了深厚的专业基础。从黄旭华的学习经历可以看出,一个人正确、积极的人生观、价值观的形成,不仅受到家庭成长环境的影响,更与自身的人生经历、个人性格的养成有着极为重要的联系。一个人正确、积极的人生观、价值观的形成,不仅需要个人吸收大量的进步思想,更要在实践中反复磨炼、检验,最终将其真正内化为自己对待事物的认识。黄旭华经常谦逊地说,自己这辈子是很幸运的,总是逢凶化吉,总有贵人相助。其实,这种看似偶然的幸运,可以说绝非偶然,而是在通过不断努力奋斗、吃苦磨砺出的正确的人生观、价值观的指导下,充分而合理地发挥人的主观能动性的结果。

三易工作单位最终"志探龙宫":核潜艇研发的艰难历程

从交通大学毕业后,黄旭华在党组织的安排下,先进入党校学习,尔后连续变换了三个工作单位,先后在华东军管会船舶建造处、港务局、船舶工业管理局承担不同的工作,这三份工作是完全不同的,但是他都做得很出色。在最后的一次工作调动中,还有一件误打误撞的趣事。在港务局共青团工作期间,虽然黄旭华做得有声有色,但是他觉得自己毕竟是学技术的,从内心来讲,行政工作对他的吸引力并不是特别大。恰好在1953年1月,国家重工业部船舶工业局变更管理体制,划归第一机械工业部并改名为船舶工业管理局,黄旭华的很多交大同学和校友都进入这家单位工作,再加上他的技术专业,他十分动心,希望能到这里继续从事技术类工作。他打了几次报告,港务局都没有批准放人。而自己在团委工作期间,港务局下属的一个造船厂工作上存在一些问题,黄旭华同样打过几次报告,希望能实地去做一些工作,也未获批准。一次,他又拿着调动到船舶工业管理局的申请报告去请求批准时，领导误以为他是继续要求去港务局下属的造船厂进行实地工作，没怎么看就批准了，阴差阳错，黄旭华赶紧迅速办理了调动手续，最终进入船舶工业管理局，开始了新的工作。

在进入第一机械工业部船舶工业管理局后，黄旭华最初被安排在船舶试验筹备处（现中船重工702所前身）工作，主要任务是负责试验筹备、协调船舶试验等。由于工作表现突出，他还被国家选中赴德国考察。回国后，他被重新分配到专门承担苏联军用舰船转让仿制的设计二处。当时设计二处的主要工作就是依靠苏联的帮助开展转让仿制工作。他在工作中时时复习在交大学过的基础知识，遇到不懂的问题就去请教苏联专家，很快，他在业务上逐渐崭露头角，成为处里的业务骨干。1957年底，恰逢处里的潜艇科科长职位空缺，船舶工业管理局经过慎重考虑，最终推荐黄旭华担任上海设计二处潜艇科科长。由此，黄旭华开始参与到组织和学习常规潜艇的转让仿制工作中来，与潜艇结缘，翻开了人生的新篇章。

1958年，经党中央研究决定，为提升我国国防实力，完善三位一体核战略体系，并具备二次核反击能力的"09"工程启动，毛泽东主席签批了当时绝密的"238"文件。1958年7月，中共中央批准研制核潜艇之后，相关部门先后筹建了核潜艇总体设计组和核潜艇动力设计组。1958年8月，我国第一个核潜艇总体建造厂也被批准正式上马。1953年6月4日，中苏签署了关于苏联向中国海军装备及军舰制造方面提供技术援助的《六四协定》，核潜艇工程队各项工作紧锣密鼓地展开。几经周折，最终确定"09"为中国核潜艇工程使用的代号，"09"这个被中国核潜艇工程使用了半个世纪之久的绝密代号，在今天已经是人尽皆知、充满民族自豪与骄傲的公开秘密。

1958年8月的一天，工业局的领导突然通知黄旭华去北京出差，由于当时设计二处承担的转让仿制任务本就属于机密，黄旭华二话没说，就到了北京。到北京他才知道，上级根据工作需要，决定抽调他参加核潜艇的研制工作。那时，核潜艇工程是"天字第一号"绝密，总体组宣布了严格的保密纪律，不能对任何人（包括自己的父母妻儿）透露工作单位、工作内容、工作性质。据黄旭华回忆，到了北京以后，相关领导对他讲了三点：一是"你被选中，说明党和国家信任你"；二是"这项工作保密性强，这个工作领域进去了就出不来，犯了错误也出不来，出来了就泄露了"；三是"一辈子出不了名，当无名英雄"。黄旭华心中充满着对新中国的无限热爱，再加上自己本就是从事技术工作的，参与核潜艇研制，在他看来，是无需任何理由和条件的。1958—1959年，核潜艇的初始研制经历了一个艰难的历程，主要原因是苏联方面有意回避了向中国提供最核心的技术支持，当然也与当时中苏关系发生变化、苏联自身核潜艇技术的不成熟有关。中央经过研究决定，把核潜艇下水的时间推迟到1965年之后。黄旭华等一批满怀报国热情的科研人员，正是在这种"生不逢时"又"先天不足"的情况下，一步一步地艰难探索着。

但是，残酷的现实就摆在眼前。1962年初，经过多方考虑，由于国际条件不具备、自身技术条件不足与各种辅助性条件缺乏,核潜艇研制工程还是下马了。虽然国家决定暂时搁置核潜艇的研制,但是黄旭华丝毫没有懈怠,在1963年底至1964年间,他和一批技术人员对苏联常规潜艇的资料进行了全面的消化和分析,写出了具有指导意义与历史价值的分析报告。他仍然对核潜艇研制充满希望,坚信这种情况只是暂时的,等到国家"两弹工程"取得重大突破及科研环境、经济环境趋于好转后,核潜艇工程一定会再度上马。在那段非常时期,黄旭华抓住机会,从容地对相关知识进行反刍与消化,从而蓄积了可持续的技术能量,让他的人生境界和专业技能再一次得到拓宽和提升。

1965年,依据中央指示,核潜艇工程重新列入国家计划,毛泽东主席"核潜艇,一万年也要搞出来"的话语回响在每一位科研人员的耳边。黄旭华和同事们立刻投入工作中,不仅先后解决了核潜艇水滴线型与常规线型争论、核动力装置、艇体结构、远程水声系统、武器系统、综合空调系统、惯性导航系统等一系列的技术难题,更要忍受当时政治风波对科研人员的冲击。出于高度的责任感和使命感,黄旭华忍辱负重,一边接受批斗,一边坚持主持中国第一艘核潜艇——"091"核潜艇的设计工作。往往他需要在猪圈、设计室和建造厂之间来回跑。最终,在中央军委《特别公函》颁发后,黄旭华的工作才逐渐步入正轨。随着各项工作稳步开展,技术难题得到解决,核潜艇研制初露峥嵘。1966年,聂荣臻在主持各部门负责人会议上,要求"091"首艇"401"在1970年下水。1970年12月26日,时值毛泽东主席77岁生日,中国第一艘鱼雷攻击型核潜艇下水成功。

"091"首艇"401"下水成功令人振奋,但是客观来看,它离交付海军使用、形成战斗能力还有很长的一段路程。在一系列调整工作中,黄旭华与科研人员们继续努力地工作着。1974年建军节这天,"091"首艇"401"正式交付海军使用,中央军委将该艇命名为"长征一号"。1975年3月,国务院、中央军委批准了第一代鱼雷攻击核潜艇的设计定型。此后,包括黄旭华在内的719所工作人员的主要目标逐步转向了"092"的研制设计中。

我国第一代核潜艇包括"091"和"092"两种艇型。"091"指的是鱼雷攻击型核潜艇,"092"指的是弹道导弹核潜艇。"091"和"092"两种核潜艇的大部分材料、设备及技术系统是通用的,主要差别在于武器装备系统。黄旭华曾介绍说,从常识层面上看,弹道导弹核潜艇不过是在攻击型核潜艇上加一个包含发射装置的导弹舱而已。然而,这个舱室可不像增加一个普通舱室那么简单,导弹舱的体积、构造、布置等形式会极大地影响整个艇体结构的设计,大大增加总体结构力学分析的复杂性,提升了核潜艇结构设计的难度。在设计"092"核潜艇的过程中,黄旭华创造性地提出了"尖端与常规""毒蛇"两种设计思想,至今为人称道。

在当时,"092"的设计具有很高的挑战性和突破性,可以算是尖端技术。为了鼓励工作人员,黄旭华经过思索后提出,不要害怕尖端,不能把尖端神奇化,尖端不过是常规的组合,关键在于如何实现技术融合。这个思想的提出,是黄旭华考察了其他国家的科技发展后,经过慎重思考作出的判断。"尖端是常规的合理融合"的思想,极大地鼓励了年轻设计师们的信心,充分调动和发挥了他们的聪明才智。

由于"092"多出一个巨大的导弹舱,设计排水量增加了3 000吨,质量、体积、阻力都大了许多。而当时海军提出了追求高速航行的性能要求,这在客观上很难实现。面对这一情况,黄旭华指出,在战术性能设计方面,"091"是攻击型核潜艇,是战术性武器,注重速度性能;而"092"不同,它是弹道导弹核潜艇,是战略武器,侧重隐蔽性,需要在提升一次核打击条件下生存能力的同时具备二次核反击能力。"既然核潜艇是第二次核报复力量,隐蔽性是第一位的,不让别人的第一次核打击打掉。你的速度再快,也快不过导弹,只要导弹系统好,高速没有多大意义。看看大自然中的蛇吧,有毒的蛇比无毒的蛇游得慢多了,因为有毒的蛇有了精良的化学武器,用不着靠速度捕食,而是靠隐蔽性好。""毒蛇"设计思想,回应了海军提出的问题,速度虽然降低,但是隐蔽性能提高,并且不影响弹道导弹核潜艇的战略威慑能力,"毒蛇"设计思想在当时历史条件下是客观的、合理的。

从1967年到1970年,黄旭华、彭士禄所带领的719所设计人员先后克服重重困难,完成了"092"的方案论证,扩大了初步设计和技术设计。1981年4月30日上午10点,我国自行研制的第一艘弹道导弹核潜艇胜利下水,张爱萍副总理亲自主持了下水仪式,黄旭华心潮澎湃、激动万分,欣然写下了这样的诗句:"南征直捣龙王宫,北战惊雷震海空。攻坚苦战两鬓白,犹有余勇再创功。"从此,我国正式具备了海上战略核力量,具备了二次核反击能力,三位一体的核战略架构开始形成。

1981—1985 年间，随着若干次核潜艇长航试验、最大自持力极限长航试验的成功，第一代攻击型核潜艇最为重要，也是风险最大的最后一项试验——核潜艇极限深潜试验被提上了议事日程。1987 年，国务院和中央军委在批准相关请示报告后，下达了 1988 年在南海进行"091"深潜试验的任务，任务代号为"982"。核潜艇深潜试验，不仅规模大、涉及面广、组织复杂，而且要承担巨大的风险。所谓深潜，是指要下潜到设计极限深度的 300 米甚至更深处。它不同于长航试验及最大自持力试验，长航试验遇到问题可以随时结束，风险较小，而深潜试验一旦遇到问题，很有可能艇毁人亡。1963 年，美国"长尾鲨号"核潜艇就是在深潜试验中遇到问题，导致核潜艇沉没，全艇 160 余名官兵和试验人员以身殉职，至今仍然未知沉没的具体原因。因此，深潜试验非同小可，从高层领导到参试人员个个都忧心忡忡。当时为了防止不测事件发生，有关方面也作出了必要的应急准备：一是精心选择了南海某地区深度为 300 多米的深潜地点；二是在艇上准备了一些应急措施，如专门的支撑堵漏装备。

但是，充分而慎重的准备工作反过来也加重了人们的担心，深潜试验前，参试队伍中出现了比较紧张和压抑的气氛。黄旭华回忆说，由于深潜试验的确是一次生与死的考验，个别同志在心里做了最坏的打算，甚至有同志拍生死照，偷偷写下了遗书。在察觉到参试人员普遍表露出紧张和担心后，经过慎重考虑，怀着对自己亲自参与设计、研制的核潜艇的充足信心，黄旭华作出了亲自上艇指挥下潜的惊人决定。作为深潜试验领导小组的成员、"09"工程的总设计师，没有任何领导、同事要求他亲自下潜。他的夫人李世英女士也支持他亲自登艇指挥下潜，她表示，黄旭华是负责设计的，他有责任对全艇人员的生命安全负责。当艇长和政委给参试人员做了几个月的思想工作，却仍然无法打消他们的思想压力时，黄旭华告诉大家，他将随他们一起登艇做深潜试验，大家的心理压力顿时消除。1988 年 4 月 21 日上午 9 时，核潜艇顺利完成了 193 米的预下潜。1988 年 4 月 28 日，"404"核潜艇开始正式进行深潜试验。此时，为了舒缓紧张的气氛，有人提议大家一起高歌《血染的风采》。黄旭华笑着说，"《血染的风采》这首歌我也喜欢，但是有些悲情，我们是去试验的，是去拿数据的，不是去牺牲。我们要唱就唱《中国人民志愿军战歌》，这首歌气势雄壮，催人奋进"。于是，"雄赳赳，气昂昂，跨过鸭绿江，保和平，为祖国，就是保家乡，中国好儿女，齐心团结紧……"的歌声逐渐响起，大家紧张的情绪也逐渐得到了释放。随着深度的增加，"404"像一头巨鲸一样向大海深处扎下去，100 米、200 米、250 米，当下潜深度达到 280 米时，海水巨大的压力开始挤压艇体，部分舱门因为变形挤压而无法打开，舱内陆续发出令人心惊肉跳的"咔嗒、咔嗒"响声，每一次都击打着参试人员的耳膜和心房。在指挥舱内，黄旭华和其他负责人亲眼看着一根支撑深度计的角钢，随着下潜深度的增加而渐渐扭曲。当时舱内共有 19 处开始漏水，经过检修后均恢复了正常，大家的心都提到了嗓子眼。黄旭华认为，这些结构变形是正常的，在设计与控制的范围内，因此仍然进行下潜。在接近大深度时，黄旭华无比镇定，指挥参试人员按规程操作、记录、播报，一切秩序井然。12 时

10 分 52 秒,第二舱的深度计指向极限深度 300 米,并略有超出,随着一声清脆响亮的"停"的指令,舱内长久的寂静后爆发出阵阵欢呼——核潜艇极限深潜成功了!此时,黄旭华宣布,核潜艇顺利下潜到设计极限深度,全艇机械设备运转正常,深潜试验成功,证明核潜艇的艇体结构设计与制造是成功和合格的,通海系统安全可靠,符合战术需要。此时,一项新的历史纪录诞生了。在世界核潜艇的研制历史上,核潜艇总设计师亲自跟随核潜艇完成极限深潜,黄旭华是第一人。在核潜艇上浮过程中,有人请黄旭华提几个字,他略一沉吟,一气呵成地写下了:

花甲痴翁,志探龙宫;惊涛骇浪,乐在其中。

这首诗不仅抒发了报效祖国、大无畏的豪情壮志,亦洋溢着乐观的胜利自信于其中,在核潜艇发展史上遂成为不朽的诗句。

"你当时真的不害怕吗?"诸如此类的问题,黄旭华已经记不清多少次被亲人、领导、同事、朋友、记者询问。他表示,按照深潜计划,他是在水面指挥舰上参与深潜指挥的,没有哪位领导提出过让他亲自参加深潜,大家连想都没有想过,因为这在世界各国并没有先例。当他决定参与深潜后,所有的领导都很诧异,大家纷纷竭力阻止。他说,自己决定参与下潜,绝非一时冲动,也并不是为了显示自己不怕死的勇气,而是经过了充分的考虑。

第一,他对自己呕心沥血 30 年设计的核潜艇充满信心,自 1958 年开始论证设计,已经不知道经过了多少次的计算、推理、论证、审查、实验、试验,让他对"091"的耐压艇壳和总体结构设计了然于胸,他甚至认为 300 米不是极限深度,因为作为总设计师,他清楚地知道"091"的下潜深度设计是留有足够的余量的,应对 300 米深度的压力基本上没有任何问题。

第二,在核潜艇建造过程中,每一根钢梁、钢板和其他材料都被严格检查、检验过,建造质量是完全过关的。

第三,在试验前,所有的系统、材料、设备、管道都用超声波、X 光探测设备进行反复核查过,每一个细节都兼顾到了。

第四,作为总设计师,如果亲自参与试验,一旦出现问题,他可以现场分析、处置、拍板,别人则未必能把握得了。而自己设计的核潜艇自己参与深潜,可以极大地增强参试人员的信心。

当黄旭华的夫人、远在武汉 719 所的李世英女士得知深潜试验成功的消息后,一向镇定、曾积极鼓励黄旭华参与深潜试验的她不禁放声大哭,几个月来她没睡过一个安稳觉,怕孩子们担心,她没敢告诉任何亲人黄旭华参与深潜试验的事。

极限深潜试验成功后,黄旭华参与决策指挥了剩余的水下全速航行试验和大深度发射鱼雷试验,亲眼见证了全部试验的顺利完成。核潜艇系列试验的成功,既证明了"091"的研制是成功的,也标志着我国第一代鱼雷攻击型核潜艇真正具备了实战的能力。"091"的研制历程,在我国国防建设及海军武器装备发展史上留下了浓墨重彩的篇章。此后,黄旭华同样参与了分别被称为"9182"任务、"9185"任务、"9188"任务的潜射弹道导弹试验,即使用常规潜艇水下发射我国自行研制的系列潜地导弹,均获得成功。其中,黄旭华不仅对于导弹发射系统的设计与研制、导弹推进剂的选择等技术问题提出了许多合理化建议,而且进一步协助黄纬禄院士成功地完成了"巨浪1号"导弹的研发,对导弹发射模式及点火方式的改进提供了有力的支持。1991年2月,国务院、中央军委产品定型委员会批准了"巨浪1号"潜地核导弹武器系统定型。至此,我国第一代核潜艇研制基本结束,黄旭华也自此逐渐退居二线。

回首黄旭华院士研制核潜艇及完成相关试验任务的工作经历,其中最能体现他奉献精神、职业道德和科学智慧的当属深潜试验。没有空洞的思想说教、没有过于专业难懂的技术解释,也没用矫揉造作的信誓旦旦,他亲自坐镇下潜的行为,打消了人们心头的恐惧和疑虑,如父亲般陪伴着自己的孩子,共同入海,畅游龙宫。在以黄旭华为代表的科学家及科研工作者的共同努力下,我国的核潜艇如蛟龙般顺利入海,捍卫着祖国与人民的安全。

以身报国与誓言无悔:"我这一生没有虚度,此生属于祖国"

自1958年那次看似偶然的北京出差任务后,黄旭华似乎在亲朋好友的视线中消失了,直到20世纪90年代初的30余年间,他为了实现自己的理想,为了祖国的强大,为了毛泽东主席"核潜艇,一万年也要搞出来"的殷殷期望,他义无反顾地走上了一条寂寂无闻、无怨无悔的人生道路。

1987 年第 6 期的《文汇月刊》刊载了作家祖慰先生的一篇文章,题目是《赫赫而无名的人生》。文中描述一个 1949 年自交通大学毕业的广东客家后裔,为研制我国第一代核潜艇隐姓埋名近 30 年的感人故事,全文用第三人称进行指代,并没有出现任何个人信息。所谓"赫赫而无名",既指黄旭华隐姓埋名,又指他虽然功勋卓著,但其事迹、贡献、声誉不能为公众乃至亲朋好友所知。回首黄旭华的一生,基本都是"无名"的状态:在交通大学从事地下党工作,为党的事业秘密地奔波着;供职船舶工业管理局时期,从事转让仿制工作,签订保密承诺,十个手指头都要按手印;参加"09"工程之后,几乎长达 30 年处于"与世隔绝"的状态。今天黄旭华誉满天下,这是在为国家默默付出一生、隐姓埋名几十载后国家和人民给予他的荣誉。这种荣誉是国家和人民为了纪念和表彰黄旭华为祖国国防建设作出巨大牺牲和贡献的一种认同与回报。

有记者找到了黄旭华当时的入党申请书,上面写着"党需要我把血一次流光我做到,党如果不是要求一次流光,而是一滴一滴慢慢流,一直流尽为止,我也坚决做到"。对此,黄旭华表示,"我记得我在入党转正的时候把这句话又重新讲了一下,表示了决心。因为我入党后按照党的要求准备这一生全部都献给党的事业,没有其他想法。现在想一下,时间长一滴一滴慢慢流,是一个很严峻的考验,不像一次流光,一次热情迸发就完了。回忆过去,从入党到现在,党的决定我从来没有含糊过,我也没有向党提出任何个人的要求,'不忘初心'一直记住这个事,一直到现在。"当记者问到已至期颐之年的黄旭华接下来还有什么心愿时,他说,"我95岁了,不可能跟大家一样上第一线,我把自己定位为啦啦队的队长。啦啦队干什么? 给大家鼓劲、给大家撑腰,年轻人特别是搞新技术的往往会碰到好多困难、好多挫折,我们老一辈有责任给年轻人撑腰。我想补还我欠父母、欠妻子、欠子女的情债,但不可能,我离开母亲的时候,答应她要常常回家看看,那之后30年没有回家,我没遵守这个诺言,但我恪守了对组织做的承诺,就是绝对保守国家的机密,这点我做到了。因此我虽然有那么多遗憾,但是无怨无悔"。

"深潜"报国三十年,力克艰难铸蛟龙,终生奉献不言悔,这就是黄旭华,一位将自己毫无保留地奉献给祖国的人。

生活的"粗"与工作的"细":淡泊处世,德艺润身

"知足常乐,难得糊涂"是黄旭华的口头禅,在许多采访中,他并没有对人讲自己如何淡泊名利,但是当记者采访到与他共事的一批719所老员工时,他们都几乎不约而同地谈起了黄旭华如何让荣誉、让职称、让住房、让福利的事迹。在接受采访时,黄旭华无奈地对记者说,请他们务必不要把他个人称为"中国核潜艇之父",核潜艇建造成功是一代人共同努力的结果。有一次,因为保密的原因,记者的报道须经过他签字认可,当他看到报道中把他称为"中国核潜艇之父"时,坚决要求记者不要对他用这个称谓,否则他就拒绝签字。在获得2013"感动中国"年度人物之后,面对蜂拥而至的媒

体,黄旭华大多数都拒绝了,对于一些实在无法拒绝的,他只好接受采访。除了对名利抱有淡泊的态度之外,黄旭华在生活中可谓是一个"粗"人。据夫人李世英讲,一次黄旭华出差,办完公事后,想给妻子带点礼物,就买了一块印花布料,回家后以为妻子会夸奖自己,没想到李世英一看,气不打一处来,原来这种印花布料她已经穿了好几年了,黄旭华却没有任何印象。李世英哭笑不得地说:"你可以背得出你工程上的许多数据,就不记得我在你面前穿了几年的印花布衣服!"很多时候,因为脑子中对工作不停地展开思索,黄旭华往往到了办公室才发现一路走来,自己的鞋是反着穿的。李世英说,这样的例子很多。几十年了,黄旭华在生活上不讲究吃穿,都过得比较"粗",但在工作上却心细如发、思维缜密。他本人无任何不良嗜好,心胸豁达,喜欢表演、唱歌、弹琴、指挥、练太极、写诗、养花等。

祖国不会忘记为她披肝沥胆作出卓越贡献的寂寂无名英雄,人民也同样不会忘记。黄旭华是上海交通大学的杰出校友,校领导曾多次慰问、看望黄学长,并号召广大师生向他学习。2014年,时任上海交通大学校长张杰,在研究生毕业典礼上即举出交大杰出校友黄旭华的例子,勉励大家要有责任与担当,才能追求卓越,"贞固而不懈"。2016年4月8日,上海交通大学举行建校120周年纪念大会,黄旭华作为校友代表、上海交通大学1949届造船系校友受邀参加,受到时任上海交通大学党委书记马德秀、校长张杰的真挚欢迎与亲切慰问。2016年4月9日,由教育部关心下一代工作委员会、中国工程院科学道德建设委员会联合发起的"院士回母校"

活动在上海交通大学举办。中国工程院院士、交大1949届校友黄旭华和350余名学生分享了他科研报国的人生经历。时任上海市人大常委会副主任、上海交大党委书记姜斯宪回顾了交大和交大毕业生在120年的历程中投身民族复兴、国家富强的奋斗史，赞扬了黄旭华院士的崇高品格和杰出成就，要求广大学生以黄旭华院士为榜样，树立科研创新精神与报国奉献之志。2020年7月，上海交通大学校长林忠钦在毕业典礼上的讲话中深情回忆了参加国家科学技术奖励大会为黄旭华学长事迹所感动的经过，"这是交大的荣耀，也是交大人共同的榜样"，简洁而有力地号召师生向黄旭华院士学习。2020年8月，林忠钦院士一行专程来到武汉市中国船舶719所看望黄旭华院士，林校长代表上海交通大学，向他颁授了终身成就奖证书和奖杯。林校长表示，黄旭华院士自1949年从交大毕业，至今已逾70年。70多年来，黄旭华院士默默无闻、殚精竭虑投身于我国国防事业，成为令人敬仰的共和国功勋，用自己的人生诠释了交大求真务实的科学精神、救国兴国的爱国精神和与时俱进、敢为人先的创新精神。黄旭华院士是交大人的骄傲，也是交大人的楷模。2020年9月13日，上海交通大学党委书记杨振斌为2020级本科生上了第一堂有温度、有深度的"开学第一课"，号召年轻人学习"誓干惊天动地事，甘做隐姓埋名人"的共和国勋章、国家最高科学技术奖获得者黄旭华院士报国奉献、大气谦和的崇高精神。至高荣誉的背后是数十年的默默付出，是超出常人千百倍的矢志为国，但交大没有遗忘，祖国没有遗忘，祖国终会永远铭记那些选择了祖国和人民的人！

黄旭华院士的一生,如同雨后彩虹一般,无论是早年的求学岁月,还是辗转于不同的工作单位之间,直到参加"09"工程中国核潜艇的设计研制,以及面对工作中深潜试验、生活条件艰辛等大大小小的问题时,在那些最艰难的时刻,他既没有退缩,也没有放弃,而是咬紧牙关,凭着心中顽强的意志与不朽的信念,运用理性的思维与科学的方法,战胜了一个又一个普通人看来无法击败的工作与生活困难,他的一生是为祖国不懈奋斗的一生。

◆ 参考文献 ◆

［1］王艳明.誓言无声铸重器:黄旭华传［M］北京:中国科学技术出版社,2017.

［2］"共和国勋章"获得者黄旭华:党的决定我从来没有含糊过［EB/OL］.(2019 - 09 - 29)［2020 - 03 - 17］.http://www. xinhuanet. com/talking/character/2019092902. html.

［3］2019年度国家最高科学技术奖获得者黄旭华:深潜三十年 为国铸重器［EB/OL］.(2020 - 01 - 11)［2020 - 03 - 14］.http://news. cctv. com/2020/01/11/ARTIIpNm1siYZnG1ZaaQNLho200111. shtml/.

［4］刘志伟. 黄旭华:埋名三十载铸就深潜重器［N/OL］.科技日报(2019 - 09 - 30)［2020 - 04 - 17］.http://scitech. people. com. cn/n1/2019/0930/c1007-31382023. html.

［5］张月,雷宇. 黄旭华:旭日东升耀中华［N］.中国青年报,2020 - 01 - 14(12).

屠呦呦：

食野之蒿鹿鸣呦　蒿素提取疟疾消

屠呦呦，我国著名药学家，青蒿素发明者。我国首位诺贝尔生理学或医学奖获得者，"共和国勋章"获得者。她出身于书香门第，青年时代求学于北京大学医学院药学系生药专业，接受组织任务研发抗疟药。毕业后，进入中医研究院从事生药学研究工作。1969年，她接受"523"任务，带领团队，经过对药材的千万次挑选和反复实验，在古籍的启发之下，终于提纯并制成青蒿素，造福了世界亿万人民。

2015年12月7日，一位老者在瑞典卡罗林斯卡医学院用中文发表"青蒿素的发现：传统中医献给世界的礼物"的主题演讲，使中国传统的医学智慧再次扬名世界。2019年9月17日，国家主席习近平授予这位老者"共和国勋章"。这位老者就是我国首位获得诺贝尔科学奖项的本土科学家屠呦呦。"呦呦鹿鸣，食野之苹"，诗意的名字呼唤写意的人生。屠呦呦年轻时励志于属于冷门的生药学研究，她带领团队，在古代中国医学典籍的启发下，历经无数次失败，第一次配制出有效治疗疟疾的青蒿素。屠呦呦与青蒿结缘，更与全世界亿万人民的生命健康结缘。青蒿一握,济世良方。屠呦呦完美地诠释了大医精诚、医本仁术的中华传统智慧和现代医学精神。

呦呦鹿鸣,书香世家

1930 年 12 月 30 日,屠呦呦出生于宁波开明街 508 号,她是屠家的第四个孩子,也是全家盼望已久的"千金"。父亲屠濂规颇有才学,当听到女儿"呦呦"的啼哭声,立马吟诵起《诗经》中的"呦呦鹿鸣,食野之蒿"的诗句,遂给女儿起名为"呦呦"。

屠呦呦的母亲姚仲千也是宁波大户人家出身,外公姚咏白曾任复旦大学和大夏大学的教授,舅舅姚庆三是非常有名的经济学家。

屠呦呦从小就在屠家和姚家浓厚的书香氛围下成长,并接受了非常完整且充实的现代教育,真可谓家学传承、克绍箕裘。1935 年,五岁的屠呦呦被送入幼儿园,一年后,进入私立崇德小学读初小。1941 年,进入私立鄞西小学读高小。1943 年,入宁波私立器贞中学读初中,后于 1945 年转入宁波私立甬江女中。1948 年,入宁波私立效实中学读高中。1950 年,转入浙江省立宁波中学继续高中学业。

屠呦呦在那个战乱频仍、民不聊生的年代能够完整地接受基础教育,是非常不容易的事情,从中也可以看出屠家和姚家深厚的家学底蕴。

屠呦呦 16 岁时患过一场肺结核,被迫暂时休学,在家里休养。经过一段时间的治疗调理，她终于康复了。这样的经历，让她难以忘怀，更让她开始对药物的作用感到好奇。她后来回忆起这段经历时不无感慨地说："医药的作用很神奇，我当时就想，如果我学会研制药物，不仅可以让自己远离病痛，还可以救治更多人，何乐而不为呢？"

或许正是这段患病的经历，使屠呦呦认识到学习医药的重要性。1951年夏，在屠呦呦高中毕业填报大学志愿时，她毫不犹豫地选择了北京大学医学院药学系。经过紧张的考试和漫长的等待，她终于如愿以偿地收到了北京寄来的录取通知书，她被北大医学院录取了！就这样屠呦呦迈出了她人生的第一步，也是最关键的一步。这位操着吴侬软语、长相俊秀的江南女子负笈北上，在苍茫的燕赵大地上写出她人生中最亮丽的华章。

求学北大，立志生药

1951年，屠呦呦成为共和国的"天之骄子"，来到当时位于北京市西城区的北大医学院，开始了她的医药研究生涯。升入大四，各班分科，全班七八十人，一半以上都选择了前途光明的药物化学专业，选择生药专业的只有12人，而屠呦呦就是其中之一。从当时的就业前景看，药物化学专业毕业后就可以去全国各大药厂工作，收入和待遇明显好于生药专业，而生药专业往往只能继续做研究，要一辈子投身于科研实验中。

对屠呦呦而言，选择生药学就意味着她今后要学习和研究各类中药材的分类和筛选,并通过显微镜切片观察中药材的内部组织,进而对药材中的特定成分进行提取。屠呦呦没有随大流,按照自己的兴趣坚定地选择了生药学专业,把一辈子的精力都放在生药学的科研当中,无怨无悔。

大学毕业,初露头角

1955 年,屠呦呦以优异的成绩顺利毕业,被分配到刚成立的中医研究院(中国中医科学院的前身)中药研究所从事生药学的研究工作。

屠呦呦初生牛犊不怕虎,工作热情很高。1956 年,她和大学老师楼之岑教授合作,完成了对有效药物半边莲的生药学研究,这项研究成果后来被《中药鉴定参考资料》收录。后来,她又完成了对中药银柴胡的生药学研究,成果被收入《中药志》。由于积极认真的工作态度和丰硕的研究成果,1958年,她被授予卫生部机关青年"社会主义建设积极分子"称号。

1958 年,为了响应毛泽东主席"中西医结合"的指示,卫生部开展了"西医离职学习中医班"培训活动,屠呦呦自愿报名成为中医研究院西医离职学习中医班第三期的一名学员。在为期两年半的全脱产学习中,她不仅深入药厂,跟随老药工学习中药材的鉴别及炮制技术,而且也学会了运用现代生物医学知识来研究传统中医药,把中医和西医完美地结合起来。作为主要编著者之一,她完成了《中药炮制经验集成》一书。

参与"523"，矢志不渝

疟疾是一种通过蚊虫叮咬或感染疟原虫所导致的恶性虫媒传染病，中国民间俗称"打摆子"。在新中国建立前，疟疾是民间流行的传染病，死亡率极高。在人类历史上，法国化学家在金鸡纳树的树皮中分离出抗疟成分——奎宁作为有效抗疟药。在第二次世界大战期间，科学家又发明了氯喹作为治疗疟疾的特效药。

但到了20世纪60年代，由于奎宁和氯喹的滥用，疟原虫的抗药性越来越强。这一疾病随着越南战争的爆发再次席卷东南亚地区，我国也大范围地爆发了疟疾疫情。

疟疾的肆虐使美国和越南双方大规模减员。为了应对疫情，美国大量增加研究经费进行抗疟药的研发，可是收效甚微。越南方面由于医疗研发条件十分有限，不得不求助于中国。1965年，毛泽东主席在长沙接见越共主席胡志明，应胡志明的请求，中国开始支援越南进行抗疟药物和方法的研发。

"解决你们的问题，也是解决我们的问题。"毛泽东这样对胡志明说。于是，在中央的批示下，研发新型抗疟药物就成了中国医药科技工作者的首要政治任务。

1967年5月23日，国家科委和解放军总后勤部在北京召开了有关部委和地方、军队领导及所属单位参加的疟疾防治药物研究工作协作会议，会议制定了抗疟新药研制的三年规划。作为紧急援外军工项目，为了保险起见，就以开会日期作为任务名称。

于是,"523"任务就被下发到了各家科研单位,其中包括屠呦呦所在的中医研究院。在当时特殊的政治时期,很多科研骨干都已经"靠边站"了,科研重担落在屠呦呦的肩上。

其实也不奇怪,当年屠呦呦 39 岁,正值壮年。在中药研究所已经工作了 14 年,兼具中西医学背景,选她出任课题组组长,再合适不过了。对于组织上交代的艰巨任务,屠呦呦没有讨价还价,而是认为这是组织给她的巨大信任。她后来回忆时说:"1969 年,中医科学院中药研究所参加全国'523'抗击疟疾研究项目。经院领导研究决定,我被指令负责并组建'523'项目课题组,承担抗疟中药的研发。这一项目在当时属于保密的重点军工项目。对于一个年轻的科研人员,有机会接受如此重任,我体会到了国家对我的信任,深感责任重大,任务艰巨。我决心不辱使命,努力拼搏,尽全力完成任务!"

科研工作总是十分艰苦和简调的,对屠呦呦而言也是如此。但是当她想到中国还有亿万同胞深受疟疾肆虐之苦,越南人民还在一方面忍受战争带来的痛苦,另一方面还要忍受疟疾带来的病痛,她这点劳累和辛苦又算得了什么呢?

舍弃小家,维护大家

爱国奉献是屠呦呦那一代科研工作者矢志不渝的精神使命。1963 年,屠呦呦和同为宁波人的李廷钊结婚。1965 年,屠呦呦生下长女李敏,1968 年又诞下小女儿李军。不过没过多久，一家人幸福团圆的局面就被突如其来的国家任务给"打断"了。1969年，屠呦呦接受了组织委派的"523"任务，要去海南岛从事疟疾防治工作，丈夫李廷钊由于早年在苏联学习冶金的经历被下放到五七干校。没有办法，为了全心全意投身到科研工作中，屠呦呦不得不把大女儿送到全托班，小女儿一直待在宁波老家由老人照顾。屠呦呦后来回忆时说："交给你任务，当时对我们来说，就努力工作，把国家任务完成。只要有任务，孩子一扔，就走了。"

这样骨肉分离的日子持续了相当长一段时间，以至于后来"大女儿当时接回来的时候都不愿叫爸妈"。小女儿对母亲的清晰记忆已经是三岁多的时候了。对此，屠呦呦后来也是懊悔不已，"孩子长大后，甚至一度不想回到北京和我们一起生活"。但是没有办法，在那个时代，祖国的召唤就是最大的前进动力。以屠呦呦为代表的科研人员义无反顾地选择了舍小家、为大家，以无私奉献的精神为广大人民的生命健康而奋斗，小家的幸福安康一时之间也就难以顾得上了。

筛选药材，百折不挠

屠呦呦认为，要想最终研发出抗疟的特效药，首先必须筛选药材。要想知道什么样的药材值得研究，就必须对传统中医的方药进行收集和整理。为此，屠呦呦遍览古籍、寻方问药。仅仅用了三个月的时间，她就收集了各类方药2 000多个，并编辑出版了《疟疾单秘验方集》一书，供"523"相关兄弟单位参考。

1969 年夏天,屠呦呦在海南疟疾疫区的临床研究中发现,胡椒提取物对疟原虫抑制率达 80％以上,这让她兴奋不已。但是不久后她发现,胡椒提取物只能改善疟疾症状,无法达到消灭疟原虫的效果。

屠呦呦课题组并没有就此放弃,1970 年继续开展对胡椒抗疟性的深入研究,但收效甚微。到 1971 年 9 月,屠呦呦课题组共筛选了 100 余种中药水提物和 200 余个醇提物样品,但结果都令人非常失望。这表明什么?难道中医典籍不够科学?还是提取方法存在问题?难道再也找不到比传统抗疟药物氯喹更有效的抗疟成分了吗?这些问题一直萦绕在屠呦呦和课题组同志们的脑海里。

古籍启发,曙光乍现

面对失败,课题组没有放弃。屠呦呦决定,还是从埋头读古籍医书开始,或许能找到治愈疟疾的一些线索。她基本上把能找到的古籍医书都翻了个遍,边看边认真做笔记。《神农本草经》《圣济总录》《丹溪心法》《普济方》《本草纲目》《温病条辨》等古籍她都认真细读。在遍览古籍的基础上,她发现古人总有青蒿"截疟"的记载,比如古人经常用"青蒿汤""青蒿丸""青蒿散"等治疗疟疾。但是,在之前的药物筛选实验中,青蒿提取物对疟原虫的抑制率一直都不理想,甚至还达不到胡椒的抑制率,这也就导致屠呦呦和课题组一直没有重视对青蒿这一植物的研究。

难道青蒿提取的过程有误?屠呦呦思忖着,终于,她在一本叫《肘后备急方》的医学典籍中发现了重要线索。东晋葛洪所著《肘后备急方》，是中国历史上第一部临床急救手册，主要记述了急性病和慢性病的治疗方法。在这本书中，葛洪提到治疗疟疾的方法，书中写道："青蒿一握，以水二升渍，绞取汁，尽服之。"

屠呦呦读到这句话，灵感袭来。为什么古人要"绞取汁"？一般中药材都要用水煎煮或者用乙醇提取有效成分，"绞取汁"是不是说明青蒿不耐高温或酶的影响？青蒿何以能够"绞取汁"？是不是提取青蒿还有部位和季节的要求？

于是，屠呦呦重新调整了研究方案。为了验证青蒿不耐高温的猜测，她专门设计低温提取的模式，用水、醇、乙醚等溶剂分别提取试验，然后又将青蒿的茎秆与叶子也分别提取，用以试验青蒿不同部位提取的有效性。

从1971年9月开始，经过上百次实验，课题组终于证实，在低温条件下用乙醚提取青蒿效果最好！

1971年10月4日，在经过了190次失败的磨砺之后，屠呦呦课题组全体成员正目不转睛地盯着第191次青蒿乙醚中性提取物样品抗疟实验的最终结果。功夫不负有心人，该提取物样品对疟原虫的抑制率达到了惊人的100％！这就意味着，屠呦呦及其课题组终于找到了治愈疟疾的关键锁钥！

大公无私，以身试药

1971年10月，屠呦呦带领课题组成功进行了青蒿乙醚中性提取物样品抗疟实验，证实青蒿的提取物能够有效抑制疟原虫。这一研究成果要转化为实际的临床应用,还有很长一段距离。对课题组来说,要想进行临床应用,就必须大量制备这种青蒿乙醚提取物,并进行临床前的毒性试验。

但是要制备大量青蒿提取物,谈何容易!当时很多药厂都停产了,根本无法保障屠呦呦团队的试验需要。在此情况下,屠呦呦认为,与其等待药厂复产,不如自己开动脑筋,想办法解决问题。于是,为了争取时间,屠呦呦带领课题组"土法上马",用七个大水缸代替常规提取容器,开始大量提取青蒿乙醚提取物。

由于那个时候防护设备很差,乙醚对身体有伤害,大家顶多带个纱布口罩,课题组成员大都有头昏脑涨、鼻子出血、皮肤过敏等反应。据屠呦呦的丈夫李廷钊回忆:"那时候,她脑子里只有青蒿,回家满身都是酒精、乙醚等有机溶剂的味道,还得了中毒性肝炎。"

提取到乙醚中性提取物,下一步就是进行安全性试验,确保对人体无害之后才能够用于临床应用中。课题组虽然也做了一些动物试验,但仍然无法保证绝对安全。由于疟疾是季节性疾病,课题组要想赶在疟疾流行季节进行临床观察,尽快为患病的人们解除病痛的折磨,就必须加快研究进度。在这种情况下,屠呦呦毅然决定,拿她自己做试验!

"我是组长,我有责任第一个试药!"屠呦呦坚定地说。她的献身精神很快感染了课题组的其他同志。1972 年 7 月,屠呦呦和另外两名科研同志一起当了"小白鼠",被集中在北京东直门医院进行试药观察。结果令人满意,试药观察证明,未发现乙醚中性提取物对人体有明显毒副作用。

1972 年 8 月至 10 月，屠呦呦携药赶赴海南疫区，跋山涉水，寻找病人。在此期间，她完成了 21 例临床观察任务，结果非常好，所有病人全部转阴！

再接再厉，发现青蒿素

有了青蒿乙醚提取物，下一步就是对提取物中的有效成分进行纯化与分离，只有完成了这一步，才能说在真正意义上找到了治疗疟疾的特效药。

经过几番努力，1972 年 4 月至 6 月间，课题组通过纯化和分离技术，先后得到少量结晶体。9 月至 11 月间，又先后得到多个晶体。

终于，在 1972 年 12 月初的鼠疟试验中，课题组成员钟裕蓉在 11 月 8 日分离得到的晶体对于治疗疟疾明显有效，使疟原虫在小鼠体内转阴。后来，把从青蒿中获得的这种单一化合物命名为"青蒿素"。1972 年 11 月 8 日也被定为青蒿素的诞生之日！

屡经挫折，终获成功

屠呦呦课题组发现青蒿素后，大量制备青蒿素并用于临床观察与治疗便被提上了日程。1973 年上半年，课题组已经制备青蒿素纯品 100 多克。这一批青蒿素，除了用作研究的一部分，其余均用作安全试验和临床观察用药。

不出人们所料，这批青蒿素很顺利地通过了动物试验和人体试验,接下来就是查看临床试验效果。于是,青蒿素片剂立即被送往海南疫区,由当地负责医生代为进行临床观察。

临床观察结果不久就出来了,但结果令所有课题组成员颇感意外。临床试验观察了青蒿素治疗外来人口恶性疟疾5 例,结果仅 1 例临床观察显示青蒿素片剂有效。

随后,屠呦呦带领课题组成员分析原因,把制备的整个过程又重新仔细地梳理了一遍,终于找到了失败的原因。原来是药片的崩解度出了问题,由于药片过硬,影响了病人对药物的吸收。

在知晓了问题所在后,屠呦呦决定用青蒿素单体原粉直接装胶囊的方式制备药物。她亲自将青蒿素装入胶囊,中药所副所长章国镇火速送往海南疫区再次进行临床验证。临床数据表明,病人服用胶囊后药效明显,全部转阴,未见明显副作用!终于,屠呦呦课题组大获成功,证明了用青蒿素制药能够有效治疗疟疾。

成果发表,造福人类

随着青蒿素制品在临床上的出色表现,关于青蒿素治疗疟疾的研究结果也很快得以与其他执行"523"任务的兄弟单位分享。1974 年,在河南商丘召开的疟疾防治药物研究专业会议上,中药所科教处陈玫报告了青蒿素和双氢青蒿素的研究情况,这是青蒿素研究相关成果首次在专业会议上公开。

1977 年,青蒿素的化学分子结构首次以"青蒿素结构研究协作组"的名义发表在《科学通报》上。此后,屠呦呦课题组又在《化学学报》《中药通报》《药学学报》以及 *Planta Medica*,*Nature Medicine* 等国内外学术刊物上发表了关于青蒿素的研究成果。

1981 年,世界卫生组织、世界银行、联合国开发计划署在北京召开疟疾化疗科学工作组第四次会议,屠呦呦在会上做了题为"青蒿素的化学研究"的报告,引发热烈反响。世卫组织专家表示:"这一新的发现更重要的意义在于将为进一步设计合成新药指出方向。"青蒿素从此走向国际舞台!

在前期大量研究和实验的基础上,1986 年,青蒿素被认定为治疗疟疾的新药,中药所获得了卫生部颁发的《新药证书》,青蒿素从此开始投产。随后,屠呦呦作为项目负责人组织相关单位开始对抗疟新药双氢青蒿素及其片剂进行研发攻关。经过 7 年的刻苦攻坚,屠呦呦课题组终于在 1992 年获得了关于双氢青蒿素片的《新药证书》,并转让投产。同年,屠呦呦主持的"双氢青蒿素及其片剂"项目被评为全国十大科技成就。

双氢青蒿素的临床药效比传统青蒿素片剂提高了 10 倍,除了用药量小的优势外,还把复燃率降至 1.95%,可谓治疗疟疾的"神药"。随即,双氢青蒿素片被广泛用于国内外各种疟疾的治疗,效果十分显著。双氢青蒿素片一度成为我国领导人赠送非洲友邦的必备礼物,在非洲大受欢迎。

据世卫组织数据显示,自 20 世纪以来,撒哈拉以南非洲地区约有 2.4 亿人口受益于青蒿素疗法治疗疟疾,约 150 万人因青蒿素疗法避免了因疟疾所导致的死亡。在疟疾流行的非洲、东南亚、南亚和南美地区,青蒿素救治了数以亿计疟疾患者的性命!屠呦呦及其课题组成员的努力,不仅解救了饱受疟疾折磨的中国人民,而且也让世界人民,特别是发展中国家的广大贫困人口,走出了疟疾的阴霾!

誉满中华,驰名世界

从"523"任务的出台到屠呦呦应用乙醚提取青蒿素,再到青蒿素胶囊临床试验成功,最终到 1986 年青蒿素类制剂首次批准上市,在这近 20 年的时间中,承担"523"任务的各兄弟单位团结协作,相互分享科研成果,没有他们的默默付出,也就没有屠呦呦课题组最终成果的出现。可以说,屠呦呦及其课题组作为承担"523"任务中的杰出代表,为研发青蒿素类抗疟药剂以消除疟疾对人类造成的苦难作出了难以磨灭的重大贡献。正如习近平总书记所说,"以屠呦呦研究员为代表的一代代中医人才,辛勤耕耘,屡建功勋,为发展中医药事业、造福人类健康作出了重要贡献"。

2002 年,屠呦呦荣获"新世纪巾帼发明家"称号;2009年,获得中国中医科学院唐氏中药发展奖;2011 年,已经 81岁高龄的她获得具有诺贝尔奖风向标意义的拉斯克临床医学奖;2015 年 6 月,获华伦·阿尔波特基金会与哈佛大学医学院联合授予的华伦·阿尔波特奖;2015 年 10 月,获得诺贝尔生理学或医学奖,她也成为第一个获得诺贝尔科学奖项的中国籍科学家,同时也是世界历史上第 12 位获得诺贝尔生理学或医学奖的女性科学家!

2019 年 9 月 29 日，鉴于屠呦呦卓越的科学成就和矢志不渝的爱国奉献精神，中共中央总书记、国家主席、中央军委主席习近平向屠呦呦颁授"共和国勋章"。

义无反顾，为国出征

2015 年 10 月 5 日，瑞典诺贝尔奖委员会宣布将该年度的诺贝尔生理学或医学奖颁给中国科学家屠呦呦，以表彰她"有关疟疾新疗法的发现"。瑞典诺贝尔奖委员会之所以要把诺贝尔奖颁给屠呦呦，是因为屠呦呦创造了三个"第一"：第一个把青蒿素带到"523"项目组；第一个提取出具有 100% 抑制率的青蒿素；第一个做了临床试验。

屠呦呦获诺贝尔奖的消息传遍了神州大地，使她一时间成为家喻户晓的人物。但此时的她已经 85 岁高龄，对于这个奖项并没有显示出过多的兴奋。面对媒体，她反复重申这是中国科学家的集体荣誉。由于身体原因，她也一直在犹豫是否要亲赴瑞典领取诺贝尔奖。就在 2015 年 6 月，当她荣获由华伦·阿尔波特基金会与哈佛大学医学院联合授予的华伦·阿尔波特奖的时候，她就因为身体原因没有亲临现场，而是由其女儿李敏、女婿毛磊代为领取。

获得了诺贝尔奖后，她也想请家人代为领取。但是，当单位的老同事去看望她，并劝说她，获得诺贝尔奖不是她个人的荣誉，而是国家的荣誉，如果能去还是尽量要去的时候，她就不再犹豫，毅然决定亲赴瑞典参加颁奖典礼。在屠呦呦看来，只要祖国需要，她就没有任何逃避的借口！正像李廷钊先生所说的那样:"一说到国家需要,她就不会再选择别的,她一辈子都是这样。"

淡泊名利,更上层楼

由于获得诺贝尔生理学或医学奖,屠呦呦在北京金台路的住所也不时有人慕名前来拜访。面对媒体的不请自来和纷至沓来的邀请与荣誉,她开始拒绝,不再接受媒体采访,也不再出席没有必要的社会活动,渐渐"隐身"了。屠呦呦之所以这么做,是因为在她看来,做科研并不是为了追名逐利、获得个人利益,而是要把主要精力用在科学研究上。她说:"得奖、出名都是过去的事,我们要好好'干活'。"

在屠呦呦的心目中,青蒿低调、不引人注目,是具有奉献意义的植物。青蒿没有鲜花那样艳丽,也没有扑鼻的香气,但青蒿能够治病,挽救无数生命。中国历来就有以植物比喻人格的文化传统。在古代,梅兰竹菊被称为"花中四君子",读书人经常以梅兰竹菊自喻,歌以咏志。而屠呦呦更喜欢青蒿,更愿意以青蒿低调、朴实的品格不断激励自己在科研的道路上奋勇向前。

2016年,她拿出诺贝尔奖奖金中的100万元人民币捐赠给北京大学医学部,用来设立"屠呦呦医药人才奖励基金";又拿出100万元捐给她工作的单位中国中医科学院,用来设立创新基金,以激励更多的年轻人参与到中医药的科研中去……

这些年来,屠呦呦的工作一直没有停止。为了解决青蒿素抗药性的问题,她带领团队在"抗疟性能研究""抗药性成因""变动疗法"等方面不断取得新突破,提出了新的治疗应对方案。为了扩大青蒿素的适应征,她还带领团队发现了双氢青蒿素对治疗具有高变异性的红斑狼疮效果良好。为了把关于青蒿素的科学研究做深做透,在她的努力和倡导下,中国中医科学院启动了青蒿素研究中心的建设……

关爱学生,悉心指导

1980 年,时年 50 岁的屠呦呦成为中国中医研究院中药研究所的一位硕士研究生导师,从此开门纳徒,传承学术衣钵。她一共培养了 4 名硕士生,其中吴崇明和顾玉诚沿袭了她的研究方法,研究传统中药的有效成分或化学成分,取得了大量重要的研究成果。屠呦呦不仅悉心指导研究生的科研工作,还关心他们的日常生活,时不时邀请他们到家中做客,让他们感受到家一般的温暖。

2001 年,中药研究所申报博士学位点成功,屠呦呦晋升为博士研究生导师,开始招收博士生。2002 年,王满元入屠呦呦门下,开始了研究生涯。

王满元刚一入学,就收到了来自导师的一份十分厚重的"礼物"。这份"礼物"是屠呦呦年轻时所用的工作笔记本,记录着她半生的科研心血,内容包含她所收集的 2 000 多个方药,以及 200 多种中草药和 380 多种提取物的筛查记录。不仅如此,她还把吴崇明和顾玉诚的硕士学位论文交给王满元,希望他细心研读,揣摩其中的研究思路。

在王满元攻读博士学位期间，为了让他开阔研究视野、结交学术同行，屠呦呦资助他到北大医学部和协和医科大学学习中草药化学和波谱解析等课程。

王满元一直非常感激屠老师的悉心栽培，他也不负众望，于 2005 年获得博士学位，并进入首都医科大学工作，现任首都医科大学中医药学院中药药剂学系主任。正如王满元所说："屠老师对我的影响是潜移默化的，从她身上，我学会了做科研，在找到关注的方向后，就要坚定地走完科研道路。"

建言献策，广纳英才

屠呦呦认为，科学研究要本着实事求是的精神，不能唯利是图，要把论文变成药物的疗效。她回忆，过去因为科研条件和科研平台的局限，很多东西发现了却没有深入做下去。有鉴于此，她十分珍惜当下的科研条件和科研平台，并倡议要建立中医药研究领域的国家级实验室，广纳英才，赓续中医药研究事业。她说："我们已经引进了一些青年才俊，他们为推动青蒿素研究作出了很多贡献，但人才还是感觉不够，我们还想引进更多的海内外人才。"

屠呦呦深知年轻血液在学术传承中的重要作用，因此她一直十分关心年轻人的培养和引进工作，希望年轻后学不仅要继承老一辈所留下的研究成果，而且也要推陈出新，把祖国的中医药研究事业发扬光大。

心系天下，奉献余热

2020 年初，突如其来的新冠肺炎疫情引起了屠呦呦的特别关注。她不仅牵挂着疫区深受病毒折磨的患者，而且也尤为牵挂那些不畏生死奋战在抗疫第一线的医务工作者。2 月 10 日，已经 90 岁高龄的屠呦呦在接受新华社记者的独家采访时表示："人类与传染病之间的斗争从未停止。为遏制和打败新冠肺炎，中国实施了强有力的措施。感谢世界各地的医务工作者，特别是在中国抗击新冠肺炎最前线的医务工作者。让我们共同努力，尽快遏制新冠肺炎，建设一个美好家园。武汉加油！中国加油！"

屠呦呦不仅为中国和世界的抗疫事业加油打气，而且以实际行动带领团队支持抗疫事业。2020 年 3 月 16 日，屠呦呦团队在《柳叶刀》在线发表了题为《在 COVID - 19 大流行期间，备灾对疟疾流行地区至关重要》的文章，文章提示世界各国，尤其是疟疾流行区的国家，新冠肺炎疫情的早期症状与疟疾极其相似，要避免混淆，避免临床诊断的失误；同时，也要避免因新冠疫情的防控，影响到对疟疾的防控。

屠呦呦带领团队以实际行动践行初心，在功成名就之后依然毫不懈怠，时刻都在关心关注祖国人民和世界人民的疾苦，不仅为后辈同仁树立了精神典范，也生动地诠释了医乃仁术、医者仁心的大家风范！

◆ 参考文献 ◆

［1］中国中医科学院.屠呦呦传［M］.北京：人民出版社,2018.

［2］饶毅,张大庆,黎润红.呦呦有蒿——屠呦呦与青蒿素［M］.北京：中国科学技术出版社,2015.

［3］屠呦呦,践行科学家精神的楷模［EB/OL］.（2019 - 09 - 20）［2019 - 09 - 26］.http://www.satcm.gov.cn/xinxifabu/meitibaodao/2019-09-26/11111.html.

［4］屠呦呦：一株济世草,一颗报国心［EB/OL］.（2019 - 09 - 19）［2019 - 09 - 22］.http://health.people.com.cn/n1/2019/0919/c14739-31361500.html.

［5］屠呦呦：感谢抗疫一线医务工作者　让我们携手早日战胜疫情［EB/OL］.（2020 - 02 - 10）［2020 - 02 - 12］.http://www.xinhuanet.com/2020-02/10/c_1125556108.html.

［6］屠呦呦团队：我们的 2018［EB/OL］.（2018 - 01 - 05）［2019 - 03 - 27］.http://m.xinhuanet.com/bj/2018-01-05/c_1122213809_3.htm.

叶培建：

飞天揽月勇追梦　星际探索争朝夕

叶培建，中国空间技术研究院技术顾问、研究员。我国第一代传输型对地观测卫星总设计师兼总指挥，第一个月球探测器"嫦娥一号"总设计师兼总指挥，第一个月球软着陆无人探测器"嫦娥三号"首席科学家，"嫦娥二号""嫦娥四号""嫦娥五号"探测器总指挥和总设计师顾问，"天问一号"火星探测器总指挥和总设计师顾问。在"嫦娥"方案的选择和确定、关键技术攻关、大型试验策划与验证、"嫦娥四号"实现人类首次月背软着陆等方面发挥了重要作用。2003年，当选为中国科学院院士。2019年9月，国家主席习近平签署主席令，授予叶培建"人民科学家"国家荣誉称号。

2019年1月3日，"嫦娥四号"探测器成功在月球背面的冯·卡门撞击坑着陆，中国由此成为世界上第一个登陆月球背面的国家。对于"嫦娥四号"的创新之举，美国国家航空航天局的一位专家由衷地赞叹道："从今以后，我们不能再说中国只会跟着美国干了。"力排众议并成功引领"嫦娥"团队实现这一航天创举的，正是被媒体誉为"热血院士"的叶培建。

出生革命家庭，立志航空报国

1945 年 1 月 29 日，叶培建出生于江苏省泰兴市胡庄镇海潮村。出生后不久，他就被母亲送到了祖父母家。原来，叶培建的父母都是革命军人，无法照顾尚在襁褓中的叶培建，只能偶尔顺道探望。1946 年，父母奉命随部队北撤，从此与刚满周岁的叶培建天各一方。

1952 年，父亲从抗美援朝战场上归来，将叶培建接回身边，一家人总算是团聚了。然而，他们的生活并未从此安定下来。此时，国民党盘踞在沿海地区的残余势力仍在负隅顽抗，父母所在的部队仍在英勇战斗，年幼的叶培建就随着父亲的部队辗转各地。1952 年夏，叶培建就读于南京军区的一所干部子女学校——卫岗小学。1953 年，他又随父亲去了浙江，就读于另外一所干部子女学校——西湖小学。叶培建小小年纪就过起了集体生活，寄宿在学校，接受严格的军事化管理，寒暑假才能回到父母身边。也许是从小就接受的军事化管理，铸就了叶培建正气凛然、刚正不阿的性格。

1957 年夏，叶培建考入杭州四中。一年后，父亲所在部队在浙江湖州安营，他又随之转学到湖州一中，并跳级读初三。1959 年，他被保送至湖州中学读高中。湖州中学是一所培养了许多优秀人才的名校，钱玄同曾在此执教，茅盾、钱壮飞等人都在此学习过。由于此前辗转各地，学习缺乏连续性，叶培建学习上有点吃力。他狠下功夫，勤奋苦读，学习成绩快速提高。高中三年，正值新中国三年自然灾害之际，物资极其匮乏,他不仅要读书,还要参加劳作。他曾经这样记录那段时光:"学校在陈英士坟那儿种了一片油菜,为了浇一次肥,我们要从校内挑一担肥,走湖中大桥、五一大桥送至田地,担子重、肚子饿,十分劳累。我们还在道场山开荒若干,种了不少红薯,在学校内的空地上种过毛豆、南瓜。高三那年,由于烧柴紧张,我们还去白雀打柴,这对于现在正一心一意备考的学子们是不可理解的。"

1962 年夏天,叶培建即将参加高考,此时的国民党正蓄意反攻大陆,所谓的"反共救国军"时常骚扰浙江沿海。叶培建和同学们一边准备高考,一边防范国民党空袭。高考前夕,老师叮嘱他们,如果高考时遭遇空袭,就赶紧分散隐蔽,空袭结束后重回考场取另外一份卷子再考。关于高考志愿,叶培建最初的志向是报考外语学院,毕业后做一名外交官。父亲却告诉他,抗美援朝时期,中国部队吃够了美军飞机的苦头,白天不能行军,美军的飞机在上空盘旋,运输线被炸得七零八落,他应该学理工科报效祖国。叶培建心中的爱国热情被父亲点燃,立志学习航空专业,将来报效祖国。在父亲的殷切希望下,他的高考志愿前几个都填了航空院校。然而,漫长的等待之后,他却收到了浙江大学的录取通知书。多年之后他才知道,那一年,浙江省把很多优秀学生都留在省内。根据湖州中学的档案记载,那一届的毕业生近 400名,考取大学的不过 70 余人,平均分超过 95 分的只有 4 人,叶培建就是其中一个。

1962 年夏,叶培建回到杭州,在浙江大学读无线电专业。除了刻苦学习之外,他还曾参加话剧和歌剧演出,担任学校广播电台的播音员,是一名文艺积极分子。1968 年,叶培建大学毕业。

结缘航天事业,远赴瑞士留学

大学毕业后,叶培建被分配到新组建的中国空间技术研究院卫星制造厂工作,从此与中国航天事业结下了不解之缘。从大学毕业一直到 1978 年,叶培建一直在卫星制造厂从事计量工作,他曾研究翻译了大量计量领域的外文资料,举办过多期数字仪表学习班,还曾帮助哈尔滨无线电七厂等单位研发了数字仪表,在国内产生了一定的影响。

1978 年,国家恢复研究生考试。消息传来,叶培建没有片刻犹豫,随即决定报考研究生。于是,他白天工作,晚上等到家人熟睡了才翻开书本开始复习,辛苦可想而知。由于他基础扎实,三考三中,考取了中国计量科学研究院、控制工程研究所,获得出国读研究生的资格。由于美国对航天专业较为敏感,在杨嘉墀院士和屠善澄院士的建议下,叶培建决定赴法国留学。为帮助他们突破语言障碍,教育部统一组织了法语集训。34 岁的叶培建零基础学习法语,他非常勤奋,很快成绩就在班级里名列前茅。可是,左等右等,法国的录取通知书迟迟未到。过了很长一段时间,叶培建才知道,法国得知叶培建等人来自中国航天部门,不愿意接收他们。退而求其次,他选择赴瑞士纳沙泰尔大学留学。

抵达瑞士之后,第一件事就是接受法语强化训练,当时的法语训练分为 4 个等级,一级最低,四级最高。同批赴瑞士的20多名中国留学生中,叶培建是唯一一个通过四级考试的。3个月之后,也就是1980年10月,叶培建前往纳沙泰尔大学正式攻读学位。

出国留学之路格外坎坷。入校后,叶培建又遇到了一件棘手的事情——纳沙泰尔大学竟然不承认他在浙江大学取得的学士学位。他只有通过瑞士的大学资格考核,获得学位同等证书,才有资格获得攻读博士学位候选人的资格。于是,他潜心苦读9个月,认真学习必考科目。虽说他学习法语进步神速,可要听懂老师的授课内容还是很吃力的,课上听不懂的内容,他就复印老师的讲义,课后慢慢学习消化。功夫不负有心人,叶培建以5.5分的平均成绩通过了瑞士的大学资格考试,而当时瑞士大学资格考试的最高分是6分。

瑞士不设硕士学位,获得学士学位后可以直接攻读科学博士学位。拿到学士学位同等证书后,叶培建开始攻读博士学位。他在瑞士读书期间非常勤奋,成绩也相当优异,当地报纸还曾做过专门报道。当时,外国记者问道:"叶,你为什么不去玩,甚至也不去喝咖啡?"叶培建这样回复:"中国的经济还比较落后,中华民族复兴任重道远。我的国家派我出来学习,为我付出了很多,我应该努力,将来为国家做些事情。"中国驻瑞士大使馆也曾对他进行过采访,并在《人民日报》上发文表扬了叶培建和其他几位中国留学生。

天道酬勤,1985年6月,叶培建完成了博士论文的公开陈述,顺利获得瑞士科学博士学位。

学成归国施展拳脚，两度荣获部级头奖

1985 年 8 月，叶培建学成归国，在控制工程研究所第四研究室专门从事飞行器敏感器的研究工作，最先开启的是与模式识别、人工智能等关系密切的陆标敏感器的工作。经过努力，他建立了一套五维平台和微机图像处理系统，填补了国内在该领域的空白。

同时，他还承担了开发民品项目和拓展科研业务的工作。冰封大地之时，他赴辽宁各大城市考察。脑子灵活的他没多久就掌握了跑业务的技巧，每到一座城市，他就先找到当地的科委，向科委宣传控制工程研究所的实力，然后请科委协助组织宣贯会，邀请当地企业代表参加座谈，调研企业在实际生产中遇到的难题。一来二去，项目就促成了，并解决了一些生产中的难题。

叶培建在第四研究室工作了一年多，取得了有目共睹的成绩，得到了大家的认可，光荣地加入了中国共产党。因能力突出，他被破格提拔为第四研究室主任。随后，他带领团队进行了火车红外热轴探测系统的开发。该系统运用红外探测原理监测火车运行过程中轴的状态，尤其是温度状态，防止重大事故"热切"的发生，为铁路运输安全提供了重要保障。1989 年，该成果获得部级科技进步奖一等奖。

1988 年 12 月，叶培建被调到中国空间技术研究院（以下简称"五院"）工作，担任院科技学术委员会常委兼计算机工程副总设计师。在他的带领下，五院的计算机应用从设计到

制造,从信息流到研制过程的管理都取得了长足的进步,五院的计算机辅助工程和信息化工程得以在整个航天系统引领风潮。1992年,深圳证券交易所采纳了以五院为主提出的"卫星通信双向网系统"的设计方案,叶培建作为技术负责人设计开发出亚洲最大的VSAT卫星通信系统,使深圳证券交易所通过卫星实现了广播、双向数据传播,这个系统改变了过去股票交易都要委托"红马甲"进行操作的历史,股票交易过程可以通过计算机在1秒内完成,让股民真正享受到了交易平等的权利,极大地促进了我国证券市场的发展。叶培建由此被媒体誉为我国卫星应用领域"第一个吃螃蟹的人",该成果也荣获了部级科技进步奖一等奖。

挂帅打造战略卫星,惊心动魄终获成功

1993年,在五院老院长闵桂荣院士的大力推荐下,叶培建担任"中国资源二号"卫星有效载荷副总设计师。从1996年起,他开始担任"中国资源二号"卫星的总设计师兼总指挥。"中国资源二号"卫星是我国第一代高分辨率传输型对地遥感卫星,主要用于国土普查、城市规划、作物估产、灾害监测和空间科学实验等领域,是我国首颗国家战略卫星,人送美称"智多星"。这颗卫星技术起点高,研制难度大,是当时我国已有的卫星中"最大、最重,分辨率最高、传输速率最快、姿态精度最高、存储量最大的星"。

这是叶培建首次挂帅航天飞行器的研制和发射工作,他对这颗卫星倾注了巨大的精力,而这颗卫星却命运多舛。

"中国资源二号"卫星01星研制成功后,由叶培建带队经铁路运往太原卫星发射中心。火车正平稳运行,突然,所有人都感受到了猛烈的撞击。原来,一列停在岔线上的列车失控滑下,撞到了叶培建乘坐的列车。惊魂未定的叶培建首先想到的是卫星的安危,赶紧跑下去查看。装载着卫星的那节车厢被撞了个正着。他猛然发现卫星的包装箱被撞了一个凹洞,顿时冷汗直流。卫星有没有被撞坏?是拉着卫星回去还是继续前往发射场?如果把卫星拉回去,所有的发射准备工作功亏一篑!如果继续前往发射场,就要证明卫星没有受损!他当机立断,决定通过计算包装箱所受的撞击来推算卫星是否受到影响。他带领团队反复测量、精密验算,最终得出结论:碰撞力没有超过已有的试验测试范围,卫星没有受损。面对全体队员期待的眼神,他一锤定音:"继续出发!"卫星抵达发射场后,技术人员迅速对卫星进行了检测,结果证明,卫星果真毫发无伤!

2000年9月,"中国资源二号"卫星01星发射成功。圆满完成发射任务后,叶培建带队前往飞机场赶赴指挥控制中心时,坏消息又传来了:卫星失去姿态,具体原因不明……叶培建懵了,国家花了那么多钱,干了十多年才研制成的这颗卫星,难道要断送在他的手里?愣了片刻之后,他冷静下来,国家把这么重要的任务交给他,责任重大,天塌下来也要顶着。他迅速核对卫星能源情况,卫星蓄电池还可以撑多久?答复是7个小时!他要在7个小时内查出原因,在卫星下一次经过中国上空时,发出抢救指令。经过仔细排查,他发现地面测控中心发出了一条不当指令。他们迅速编写抢救程序,在卫星再次过境时发出正确的控制指令,卫星迅速调整了姿态,恢复正常。

"中国资源二号"卫星 01 星实际寿命达到 4 年 3 个月,成为当时中国寿命最长的传输型对地遥感卫星。不仅如此,这颗星还开创了好几项"第一":第一次实现了星地一体化设计;第一次将电测与总体分开;第一次在卫星进入发射场前进行了整星可靠性增长试验,把问题彻底解决在地面。2003年,"中国资源二号"卫星荣获国家科技进步一等奖。同年,叶培建当选为中国科学院院士。

2002 年 10 月,2004 年 11 月,五院分别将"中国资源二号"卫星 02 星、03 星送入太空。三星组网,向地面传输了大量图像和信息,受到了用户的高度称赞,促进了国民经济的发展,推动了我国航天科技事业的进步。

担纲探月卫星主帅,不负祖国人民重托

2000 年,我国发布《中国的航天》白皮书,向世人宣告:中国已将深空探测列入 21 世纪初的发展目标,并且决定从发射探月卫星开始我国的深空探测。2004 年,我国正式宣布开展月球探测工程,并将其命名为"嫦娥工程"。

实际上,早在 2001 年 10 月,五院的领导就找到叶培建,希望他担任五院月球探测卫星方案论证的技术负责人。那个时候,叶培建刚研制完"中国资源二号"卫星 01 星,还在奋战后续 2 颗星的研制,工作非常繁忙,而月球探测卫星又是一个全新的航天器,没有任何现成的经验可以借鉴,研制难

度巨大。再加上叶培建的夫人刚刚过世,他的心情非常沉重。面对探月这一国家长远大计,他最终还是接下了这项艰巨的任务。对他来说,要么不做,要么就要做好。从 2001 年 10 月开展这项工作到 2004 年春节后国家立项的两年内,他带领团队加班加点,春节都顾不上休息,完成了多项技术攻关和专项试验。叶培建的腰不好,工作劳累之后腰痛经常发作,站都站不了,他只能趴着指挥工作。正是因为前期的充分准备,嫦娥工程立项后,采纳了五院的卫星方案,叶培建被任命为月球探测卫星总设计师兼总指挥。

嫦娥工程由月球探测卫星系统、运载火箭系统、发射场系统、测控系统和地面应用系统五大系统组成,运载火箭系统是使用成熟的"长征三号甲"运载火箭,测控系统就是"神舟"系列飞船的测控系统并加以改进,发射场定在西昌卫星发射中心。整个工程中新研制的就是月球探测卫星系统,它是整个工程的核心,叶培建重任在肩。

我国月球探测工程分"绕、落、回"三个阶段实施,一期工程为"绕",即研制和发射我国探月卫星"嫦娥一号",绕月飞行,并对月球进行全球性、整体性、综合性的探测,完成四大任务:获取月面三维影像;分析月面有用元素含量和物质类型的分布特点;探测月球土壤厚度;检测地月空间环境。作为我国第一个深空探测器的总设计师,叶培建和他的团队面临着四大技术难题:一是卫星的轨道设计问题,要选择一条准确合适的地月转移轨道,并能在一场复杂的太空环境下维持、调整和优化轨道;二是测控和数据传输问题,地月距离达 38 万千米,我国当时并无大口径天线可以支持,亟须提升远距离测控和通信能力；三是卫星的导航、制导与控制系统设计更复杂，要求更高；四是卫星热控系统设计困难重重，月球环境不同于地球，外部热流环境复杂，必须保证卫星在各种热环境下正常运行。

叶培建带领平均年龄不到 30 岁的研制队伍，坚持对月球探测遇到的新问题认识、再认识，思考、再思考。比如在卫星轨道设计方面，他先是请全国范围内的专家做"背靠背"的设计复核，得到了肯定的结论，然后又邀请了三家有能力进行轨道设计的单位共同探讨轨道设计需求，再一次进行多家复核，最终才敲定了轨道设计方案。

作为总设计师，他坚持"搞科研就是要严、细、慎、实，就是追求极致"。他提倡"捕风捉影"，对任何细小的迹象"小题大做"，坚决把一切问题解决在地面。为了一次极其偶然的现象，他曾经做了 7 000 次实验，就是为了确保这种现象不会发生；听说其他型号发生的问题，他便映射到"嫦娥一号"上，进行全面的清查和补救。正是因为他对工程的"锱铢必较"，才没有让任何隐患漏网。这支队伍还曾经揪出一条想想都让人后怕的隐患，卫星在进行总装后，负责总装的同志复查发动机安装情况时发现先后介入的两家单位对坐标的定义足足差了 180°，这会使卫星推力刚好反了一个方向，一旦卫星发射上天，后果不堪设想。

正是通过大量细致到近乎苛求的准备，叶培建带领队伍仅用短短 3 年的时间就圆满完成了"嫦娥一号"卫星研制任务。而在攻关的最后阶段，他由于前期过分透支用眼，双眼先后出现了严重的问题，虽经悉心治疗，但仅仅能保持"脆弱的低水平状态"。

2007年10月24日,"嫦娥一号"探月卫星成功发射。11月20日,"嫦娥一号"发回了她拍摄到的第一幅月球表面图像。由此,我国成为世界上第五个能够独立自主地发射探月航天器的国家,中国航天史上树起了第三个里程碑!

赤诚热血敢于直言,不懈探索终成创举

"嫦娥一号"发射成功后,如何处置备份星"嫦娥二号"引发了争论。作为航天界出了名的"直脾气",叶培建成为决定"嫦娥二号"命运的关键人物。

当时主要有两派意见:一派认为"嫦娥一号"发射圆满成功,没必要再花费重金发射一颗备份星;另一派则以孙家栋和叶培建等人为主,主张充分利用好备份星。两种观点的争论非常激烈。为了解决分歧,上级机关组织召开专题会议,除了各方专家以外,会议组织方还邀请了咨询评估公司来对该项目进行论证评估。

叶培建当时正在外地开会,一听说这个消息,立即乘飞机回北京,直奔会场。他找到五院主管院领导和有关部门领导,情绪激动地说:"你们就不应该同意开这个会,这是想否掉'嫦娥二号'发射这件事情!"随后,他在会上力争:"给'嫦娥一号'制作备份星是温家宝总理决定的,温总理愿意从国家的口袋里拿出几个亿来,而且我们已经做好了备份,如果再花少量的钱,我们就能获得更多工程经验和更大的科学成果,为什么要放弃?"主持会议的领导听了他的发言,当即在

会场表态："我们这个会不是讨论要不要发射的问题，而是讨论怎么发射得更好、用得更好的问题。"

任务争取下来以后，叶培建担任了"嫦娥二号"卫星总指挥和总设计师顾问。2010年10月1日，由"替补"转为"先锋"的"嫦娥二号"奔向月球。"嫦娥二号"创造了国际航天史上的多项"第一"：第一次获得7米分辨率的全月球立体影像图，第一次从月球轨道出发探测拉格朗日点等。此外，"嫦娥二号"在距离地球700万公里远的地方和小行星图塔蒂斯交会；它还对我国新建成的喀什35米、佳木斯66米两个深空站和上海65米VLBI站进行标校试验，实战检验了我国深空测控、天文观测的水平和能力，为我国未来的深空探测活动，尤其是小行星探测，奠定了坚实的基础。

此后，叶培建又担任了"嫦娥三号"卫星总指挥和总设计师顾问、首席科学家。他总是尊重现任设计师的工作程序和各种决策，平时把好卫星质量关，重大关头站出来，多次带病在发射现场坚持工作，盯紧质量环节。2013年12月15日，"嫦娥三号"成功实现软着陆！

有了"嫦娥二号"的成功经验，"嫦娥三号"探测器完成落月任务后，大家对发射"嫦娥三号"备份星几乎没有异议，但在任务内容和规划上又产生了分歧。有人认为，见好就收，"嫦娥四号"落在月球正面更为可靠；而叶培建又提出了自己的见解，中国航天应该敢于探索创新，不要做重复的东西，他主张把"嫦娥四号"发射到月球背面去。这个想法不得不说"让人讶异"，没有一个国家的探测器曾经在月球背面软着陆，因为探测器落到月球背面后，无法与地球通信！

　　同样是为了解决分歧，上级机关组织召开专题会议。叶培建在会上发言表示，遥感、气象、通信等应用型卫星应该"力保成功"，但包括"嫦娥"系列探测器在内的探索性卫星，应该给予它们更多机会，去做"探索性的创新"。然而，经过讨论以后，会议组织者决定形成会议纪要，纪要的主要内容就是：经过讨论，与会人员一致同意"嫦娥四号"落在月球正面。面对这样的结果，叶培建坚持自己的想法，他说："我服从领导的决定，领导定了去哪儿，我们这支研制团队都会努力完成，并且圆满成功，但是我个人不同意落在月球正面的方案，所以我也不会在纪要上签字。"正是因为这个"直脾气"的坚持，上级机关最终还是听取了不同的意见，经过一段时间的论证，大家逐渐达成一致，决定把"嫦娥四号"发射到月球背面，并且通过发射中继通信卫星，解决月球背面与地球的通信问题。

　　2019年1月3日，"嫦娥四号"探测器成功着陆在月球背面的冯·卡门撞击坑，中国也由此成为世界上第一个登陆月球背面的国家。

引领中国逐梦火星，星际探索只争朝夕

　　在太阳系的八大行星中，火星和地球有很多相似之处：火星自转一周是24.66小时；火星自转倾斜角和地球相近，火星上也有春夏秋冬四季变化；火星上还有大气层。人类使用空间探测器进行火星探测的历史几乎贯穿整个人类航天史。早期的火星探测几乎都失败了，但在一次又一次的失败

中不断前进。从其他国家发射的先例来看,火星探测成功率较低,火星因此有"航天器坟场"之称。2016 年 1 月 11 日,中国火星探测任务获批立项。

叶培建正是中国火星探测的主要倡导者、先行者和领军人。实际上,早在 2007 年"嫦娥一号"发射时,中国探月工程总设计师孙家栋就和叶培建一同商议过探测火星的准备,叶培建随后就带领团队中的部分人员开始了火星探测论证。用叶培建的话说,论证走过了一段非常艰难、历经坎坷的道路,反复论证多次,方案变化多次。虽然论证过程异常艰辛,叶培建却始终抓牢火星探测的基础研究和预先研究,以至于国家有关部门批准立项不到半年,五院就完成了火星探测器方案设计并开始转初样了,速度之快令人惊叹。

叶培建说:"我们的第一次火星探测任务将一次性完成'绕、落、巡'三步走。第一,我们要能够对整个火星进行全球观测;第二,要降落在火星;第三,火星车要开出来,在火星上巡视勘测。这当中有很多难点,如果做成,这将是全世界第一次在一次任务当中完成三个目标。这个工程实现是个很大的创新。"

作为"天问一号"火星探测器系统总指挥、总设计师顾问,叶培建是团队的"定海神针",他站在幕后给年轻的航天工作者们尽可能多的支撑,有他在,大家心里就踏实。在关键技术上,他总是尽可能地替年轻人分担。他说:"火星探测器的降落伞至关重要,如果降落伞失败,全盘皆输。我就反反复复地抓一件事情——降落伞。降落伞要是失败,我们全盘失败,而降落伞又没有任何的先前经验,关键是还没法试

叶培建:飞天揽月勇追梦 星际探索争朝夕

131

验。像这件事情,设计师要清楚,我也要清楚,我甚至想得比设计师还要多。"当年轻人拿不定主意时,他也会凭借自己的经验大胆判断,把可能失败的责任揽到自己身上。

2020 年 7 月 23 日,我国第一个火星探测器"天问一号"搭载"长征五号"运载火箭成功升空。2021 年 2 月 10 日,探测器成功实施火星捕获,进入大椭圆环火轨道,成为我国第一颗人造火星卫星。2021 年 2 月 24 日,探测器成功实施第三次近火制动,进入周期 2 个火星日的火星停泊轨道后,对火星开展全球遥感探测,并对预选着陆区进行详查,探测分析地形地貌、沙尘天气等,为着陆火星做准备。2021 年 5 月 15 日,"天问一号"探测器成功着陆于火星乌托邦平原南部预选着陆区。2021 年 5 月 22 日,"祝融号"火星车驶离着陆平台,踏上火星大地进行巡视探测,开启火星"探险之旅"。我国首次火星探测实现了一次任务完成环绕、着陆、巡视的三大目标。"天问一号"任务突破了第二宇宙速度发射、行星际飞行和测控通信、地外行星软着陆等关键技术,迈出了我国星际探测征程的重要一步,实现了从地月系到行星际的跨越,是我国航天事业发展的又一里程碑。

叶培建的眼中不只有火星月球,更有星辰大海,他说:"人类在地球、太阳系都是很渺小的,不走出去,我们注定难以为继。有人觉得今天看起来探索太空没有用处,但未来的太空权益,我们现在就要开始争取。宇宙就像是过去的海洋,月亮就是钓鱼岛,火星就是黄岩岛,我们现在不去探索,别人占下了,将来再想去就晚了,我们的后人会怪我们。"

作为多个开创性空间探测器的总设计师或相关领域首

席科学家,叶培建推动了中国卫星遥感、月球与深空探测及空间科学的快速发展。2017年1月,为表彰他在空间科学技术领域的卓越贡献,国际天文学联合会将编号"456677"的小行星命名为"叶培建星"。他说:那颗星并不属于我,但却给我带来了一份新的责任与使命,那就是在有生之年再多做点事情。和大家在一起建立月球科考站,探小行星,火星取样返回。再干十年还是可以的。

深爱祖国最讲气节,挚爱航天抛舍万金

曾经有人问过叶培建的梦想是什么,他说:"我的梦想只有一个,就是把中国建设成航天强国。"

叶培建幼年时,父母为国家解放浴血奋战,为保家卫国尽心竭力,在他的心中埋下了爱国的种子。高考填报志愿时,父亲痛心地述说,中国军队因航空实力太弱,在朝鲜战场上付出了惨痛的代价,希望他学工报国。在父亲的影响下,他决心弃文从工,建设祖国。被浙江大学留在省内读了无线电专业后,他填报的就业志愿全部都是国防单位。可以说,从幼年到青年,真挚的爱国情怀早已在他的心中扎实了根基。

在国外留学期间,叶培建经常充满自豪地向不了解中国的同学讲中国悠久的历史,讲灿烂的五千年中华文明。为了消除其他人对西藏的误解,他甚至还做过一次专题报告。

叶培建不仅深爱着祖国,还相当有民族气节。由于当时的中国还比较落后,许多外国研究人员瞧不起中国,遇到分

歧的时候,总是会把自己的观点强加给中国学生。碰到这种情况,他总是据理力争,毫不妥协。如果有同学瞧不起中国,他也毫不客气。有一次,一位外国同学边吃冰激凌边问:"叶,你们中国有冰激凌吃吗?"他直接回击道:"两千多年前我们祖先知道用冰保存食物的时候,你们的祖先还没穿衣服呢!"

20世纪90年代,五院与法国合作制造卫星,一批技术人员派驻法国宇航公司承担监造任务,工作地点在法国宇航公司工作大院外的活动房里。叶培建出席宇航公司会议时顺道看望了这批派驻人员。开完上午的会议以后,叶培建和这批技术人员准备一道去工作大院的食堂内用餐,被守门的法国警卫拦下来,要求叶培建抵押护照才能进大院用餐。原来,长期以来,中国监造人员是不能随意进出工作大院的,而同样担任监造任务的印度人却可以随便进出。这种带有歧视性的规定激起了叶培建的民族自尊心,他拒绝交出护照,并且对警卫和陪同的法方人员说:"你们的代表团曾经去过中国空间技术研究院,进办公大楼也没有要护照,更不用说吃饭了。现在我是你们请来的客人,难道吃一顿饭还需要押护照吗?我理解你们的安保需要,但完全可以做到内紧外松呀。我们去外面饭店用餐。"陪同的法方人员连忙打电话请示,放下电话后立即向叶培建说:"先生,对不起,请您进去吃饭吧!您不用押护照。"用餐期间,安保负责人还亲自找到叶培建,向他和中国监造人员诚挚道歉。中国监造人员对叶培建说:"您真是替我们出了一口气,这些日子以来我们一直很压抑,是您替我们争得了一个权利。"

叶培建赴瑞士深造以后,很多人议论,国外那么发达,他的夫人也一同出国,他不会回国了。听到这些议论,叶培建的夫人非常生气,但他对夫人说:"别在意,只要我们拎着行李往单位门口一站,谣言自然就不攻自破了。"由于叶培建留学期间展现出的突出学术能力和发展潜力,瑞士方面希望出高薪聘用他,但他没有做过任何"走"还是"留"的思想斗争,坚定地回复,"我要回去建设自己的祖国"。

20世纪90年代,空间科学技术研究院领导经常对院里的年轻人说:"你们这叶总啊,要不是为了卫星上天,早就是腰缠万贯的百万富翁了。"这句话毫不夸张!原来,叶培建作为技术负责人设计开发出亚洲最大的VSAT卫星通信系统后,深圳证券交易所想以40万元年薪聘请他。他却说:"要是为了钱,我就不回国了。"在他看来,中国多了个百万富翁,却少了个科学家,没意思!他继续埋首月收入2 000元的航天科技工作。

叶培建不仅全身心投身航天事业,还在百忙之中抽出时间参与航天科学普及活动。他担任了科学院学部教育与科普委员会委员、中国科协成员。围绕中国探月工程、小行星探测、中国空间技术发展等主题,他每年要在全国范围内开展20场左右的科普讲座,而且反响很好,很受听众欢迎。他坚信,一个民族素质的提高与科普有很大关系。2019年10月,被授予"人民科学家"国家荣誉称号后,他收到了浙江省杭州市崇文实验学校少先队员们寄来的一封信。信中这样写道:"敬爱的叶爷爷,您满腔的爱国情怀、执着不弃的事业追求、敢为人先的担当精神让我们无比敬仰,您为我们种下的科学种子一定会茁壮成长。我们全体少先队员会牢记您给我们的题词,'仰望星空,探索未来'。"而对于"人民科学家"这份荣誉,叶培建感慨地说道:"我只是千千万万个中国航天人的代表之一,只有把今后的事情做好,把队伍带好,才能够对得起这个称号,无愧于人民。"

◆ 参考文献 ◆

［1］叶培建.走在路上[M].北京:北京理工大学出版社,2018.

［2］张亚雄,陈海波.向着璀璨星空继续奋斗[N].光明日报,2019－10－07(02).

［3］张高翔,赵聪.中国航天器首次登上火星 习近平致电祝贺[N].中国航天报,2021－5－15(1).

［4］付毅飞.人民科学家叶培建:让中国探月工程跨步前行[N].科技日报,2019－10－14(5).

［5］胡喆.叶培建:走进星际探索的大航天时代[N].经济参考报,2019－10－14(04).

［6］邱晨辉.叶培建:科技创新总要做些"冒险的事"[N].中国青年报,2019－10－10(1).

［7］叶培建:责任比命大[EB/OL].(2017－03－19)[2020－4－20].http://tv.com/2017/03/19/VIDE1buuezxzh11bv656w5om170319.shtml.

［8］张棉棉,郭鹏.叶培建:我国火星探测准备工作已就绪 明年将发射"火星一号"[EB/OL].(2019－10－08)[2020－01－20].http://china.cnr.cn/yaowen/20191008/t20191008_524805901.shtml.

［9］中国公布嫦娥一号传回的第一幅月面图像[EB/OL].(2007－11－26)[2020－01－18].http://www.chinanews.com/tp/kjxw/news/2007/11-26/1087225.shtml.

［10］赛欣言.热血院士叶培建:面向未来,探索星辰大海[EB/OL].(2019－09－18)[2019－09－21].http://news.cctv.com/2019/09/18/ARTI40

ad9pLx5jBrz8rnohTS190918. shtml.

[11] 我国首次火星探测任务着陆火星取得圆满成功[EB/OL]. (2021 - 05 - 15)[2021 - 06 - 17]. http://www. cnsa. gov. cn/n6758823/ n6758838/c6812001/content. html.

[12] "人民科学家"叶培建：探索太空步履不停[EB/OL]. (2019 - 10 - 20)[2019 - 12 - 20]. http://news. eastday. com/eastday/13news/ auto/news/china/20191020/u7ai880527. html.

[13] 刚刚! 中国航天器首次登上火星[EB/OL]. (2021 - 05 - 15)[2021 - 05 - 17]. https://www. 163. com/dy/article/GA2BMUOF0511DC3G. html.

[14] 刘峣. 祝融号火星车工作状态如何? 火星探测将有哪些新发现? [N]. 人民日报海外版,2021 - 12 - 23.

吴文俊：

奇思妙想数学巨擘　开拓新篇算法人生

吴文俊(1919—2017)，世界著名数学家，中国科学院院士。1940年交通大学数学系毕业，1945年任交通大学数学系助教，1947年赴法国斯特拉斯堡大学留学，1949年获法国国家博士学位。1951年回国，先后在北京大学、中国科学院数学研究所、中国科学院系统科学所、中国科学院数学与系统科学研究院工作。他在拓扑学领域作出了奠基性贡献，并创立了被国际数学界誉为的"吴公式"，同时开创了崭新的数学机械化领域。1956年吴文俊与钱学森、华罗庚一起获首届国家自然科学一等奖，2000年获首届国家最高科学技术奖，2019年被授予"人民科学家"国家荣誉称号。

吴文俊是我国著名的数学家，享有很高的国际威望，是我国首届国家最高科学技术奖的获得者之一。他最为重要的学术贡献在三个领域：第一是拓扑学。他引进的示性类和示嵌类被称为"吴示性类"和"吴示嵌类"，他导出的示性类之间的关系公式被称为"吴公式"。他在拓扑学上的工作在20世纪50年代前后震动了整个拓扑界，对拓扑学的发展产生了深远的影响。第二是数学机械化领域。20世纪70年代后期，他开创了崭新的数学机械化领域，提出了用计算机证明几何定理的"吴方法"，首次实现了高效的几何定理自动证明，被称为自动推理领域的先驱性工作。第三是对中国古代数学的研究。他从1974年开始对中国古代数学进行研究，为揭示中国古代数学对世界数学发展主流的影响作出了特殊贡献，扭转了西方学术界对中国古代数学持有的根深蒂固的偏见，并开创了数学史新的研究思路和研究方法。吴文俊曾说，"我们是踩在许多老师、朋友和整个社会的肩膀上才上升了一段。应当怎么样回报老师、朋友和整个社会呢？我想，只有让人踩在我的肩膀上。"他的一生，与国家、民族的命运紧密联系在一起，在数学领域锐意创新，堪称科研报国的典范。

从数学零分到"数理王子"

1919年5月12日，吴文俊出生在上海一个普通读书人的家庭。父亲吴福同1913年从南洋公学（上海交通大学前身）毕业后，就定居在上海做编译工作。母亲在家中排行老大，非常能干，家境殷实。吴文俊是家中长子，下面还有两个妹妹、一个弟弟，按"文"字辈依次取名为文娟、文美、文傑，遗憾的是文傑不幸幼年夭折。

吴文俊4岁开始上小学，11岁上初一，先是就读于离家很近的私立铁华中学，后插班就读民智初级中学。1932年1月28日，为了躲避"一·二八"事变中日军对上海的大规模轰炸,吴文俊一家搬到了朱家角外祖父家里,待了四五个月。这期间是无法上学的。回到学校的时候已经到期末了,其他课程吴文俊还能自己应付,但数学完全跟不上了。到期末考试的时候,数学考了零分。这对吴文俊来说,是前所未有的经历。为了帮助像吴文俊这样为了躲避炸弹而落下功课的学生们,民智中学安排了暑假补课。补课的是一位几何老师,非常严格,还经常叫吴文俊到黑板上当场做题,然后一点一点指正错误的地方,这样一来,吴文俊对几何知识、思考方法就慢慢学扎实了。这位老师也是第一位对吴文俊产生较大影响的老师。

1933 年,吴文俊考进上海正始中学就读高中。那时,正始中学一直聘请交通大学(以下简称"交大")的多位老师教授数理化三门学科,如教物理的赵贻镜老师、教化学的徐宗骏老师,还有几位交大数学系的老师教数学。在高中的所有课程中,吴文俊最喜欢的是物理,只要是物理课他总是听得如痴如醉。赵贻镜老师为了让同学们多学到一点知识,常常会讲一些比较难的题目,并且要求他们回家去做。要解这些物理难题,光有高中数学的基础是不够的,于是,吴文俊就开始自学数学。经过一段时间的刻苦钻研,他成了班级里的"数理王子"。高中三年级时,一次物理测试,他得了满分。在过道里,他听见赵老师对数学老师说:"这次考试的物理题目,其中有两道题非常难,吴文俊能够得满分,说明他的数学基础已经非常扎实,这个学生在数学上的潜能无穷。"这段话对他今后在数学方面的发展也产生了一定的影响。

高考即将来临,正因为交大老师对吴文俊的潜能了解得较为透彻,学校经与几位交大老师商量后决定,让吴文俊报考交通大学数学系,如若考上,将由正始中学每年提供 100 元奖学金。正是受父亲的影响和交大老师的一路指点,吴文俊在未进交大之前就与交大结下了不解之缘。吴文俊院士回忆道:"我从小与交大有缘,我的父亲早年就毕业于南洋公学。晚上父亲常给我讲一些大学里的故事。那时家里有很多藏书,这给我看书带来了很大的方便。小时候,我非常喜欢看小说和历史方面的书,在潜移默化中就养成了看书学习的习惯。在读高中时,交大的教授又是我们班级里的老师。正是受父亲和交大老师的影响,从小我就对交大有了比较深刻的认识。"

"定向"考入交通大学

1936 年,吴文俊以交通大学理学院第二名的成绩进入数学系学习。当时交大的理学院包括数学、物理和化学三个系,但是总体上人数很少,加起来也不过 30 人,大一、大二的学生是合在一起上课的。读大一的时候他在徐家汇校园上课,学习条件与环境都比较好,那时的课程也都是由胡敦复、裘维裕等先生讲授,这些老师都是交大早期的毕业生,长期在交大任教,有丰富的教学经验,威望很高,也帮助吴文俊打下了坚实的数理基础。

到大二开学前夕,抗日战争爆发。上海的大部分大学都开始搬往内地,交大的主体部分也搬到了重庆,还有一部分留在上海,搬到了法租界。吴文俊在交大的大二后半学期和大三、大四都是在法租界里度过的。到了法租界之后,办学条件差了很多,课程也不能正常安排,只能几个年级一起上课。但即便是在这种艰苦的日子里,交大师生还是照旧上课、考试,朴实的校风让吴文俊受益良多。

在交大最初的两年里,吴文俊并没有喜欢上数学,反而还产生了转系的念头。这也许是因为数学、物理、化学三个系的课程一起上,没有让他提起学数学的兴致。到了大三的时候,吴文俊遇到了让他真正喜欢上数学的老师——武崇林。大三开始之后,数学系与理学院其他系分开,独立开课。武崇林先生为数学系上实变函数论。这让本来对数学没什么兴趣的吴文俊一下子来了兴致,听了武老师的课之后,他非常振奋。之后他便开始在数学上下功夫,经常跑图书馆。武老师还教过高等代数、高等几何、群论、数论、微积分等,这些学科都让吴文俊非常感兴趣。武老师本身喜欢买书,家中也有非常多的藏书,而且都是从各处搜集而来的,有很多图书馆中找不到的外文原版书。武老师看吴文俊对数学如此感兴趣,就经常从家里带书借给吴文俊看,吴文俊也经常到武老师的家中与其交流讨论。一直到大学毕业后,吴文俊还经常去武老师家商讨数学问题。

武老师的实变函数课程把吴文俊带进了现代数学的新天地,但真正的学习还要靠自学。吴文俊在大学期间就非常重视读原著,特别是经典原著。当时的他已经能够完全自如地阅读英文和德文原著。到后来,他就开始自学组合拓扑学,也就是后来的代数拓扑,这是当时数学研究的最前沿。没有人教,他就自学。他还经常去交大附近的一家旧书店淘书,这类书基本都是德文书,但他都读得津津有味。他回顾这段经历时说,大学三、四年级对他而言是转机性的,待到大学毕业的时候,他已经愿意做一个"数学家"了。

毕业之后的吴文俊与交大再续前缘。1945年8月,日本无条件投降,中国人民终于取得了抗日战争的胜利。交通大学在上海的部分成立了临时大学,恢复了正常教学。此时吴文俊的大学同学赵孟养得到了一个在临时大学做助教的机会,但他把这个宝贵的机会给了吴文俊,工作内容是给数学系郑太朴教授做助教。这个机会对吴文俊来说是决定性的,从大学毕业到抗战结束,有五年半的时间他都在中学,数学已经落下很多了,当了助教,就意味着有了稳定的收入和充裕的时间,能够恢复数学研究。吴文俊的助教工作很简单,改学生作业、旁听课程等。1946年春天,郑太朴教授突然来到吴文俊家中,告诉他教育部正在招考中法留学交换生,消息登报了,让他去考一考。郑教授一直劝吴文俊一定要报考。这就促成了吴文俊后来考取中法留学交换生,赴法国斯特拉斯堡大学攻读博士学位。

回顾这段交大求学和工作的时光,吴文俊曾说,如果没有交大郑太朴教授和大学同学赵孟养的指引和热心推荐,如果没有交大朴实无华的学风为他打下良好的数理基础,他不会有今天的成绩。

从"方向不对头"到"划时代的贡献"

1946年夏天,吴文俊见到了对其一生起到至关重要作用的人——陈省身。陈省身把吴文俊招到中研院数学所做执行研究员，相当于现在的研究生。

到数学所之前，吴文俊的主要基础都在点集拓扑方面，从实变函数论到点集论，再到点集拓扑，这些也是从大学里学来的。在第一次见陈省身的时候，吴文俊就把自己对点集拓扑的习作交给陈先生看，陈先生认为他"方向不对头"，应该要注重现实中应该是什么样子，而不是为了逻辑推理而人为造出概念来，再追求它们之间的关系。陈省身认为吴文俊走点集拓扑的路不对，他应该走代数拓扑（也称为组合拓扑）的路。吴文俊后来对这段经历很是感慨，因为如果按照老路数走下去，是永远没有出路的。对数学研究而言，走什么样的道路、什么方向，是很重要的，方向不对，可能一辈子都没有好的成果。而当时拓扑已经有 50 年历史了，陈省身透彻地理解了代数拓扑的核心，而且敏锐地意识到代数拓扑未来的发展趋势和在现代数学中的位置，将来也会给数学的其他分支带来深刻的影响，从而成为数学的主流学科。因此，陈省身花了大力气在中研院数学所建立起了一支年轻的拓扑队伍。

在跟随陈省身先生期间，吴文俊开始研究 H. 惠特尼（H. Whitney）于 1940 年提出的乘积公式。惠特尼是美国著名的拓扑学大师，是微分流形理论、示性类和奇点理论的奠基人，在 1982 年获得了沃尔夫数学奖。陈省身在一次讲课时特别提到了惠特尼在 1940 年提出的乘积公式，这是一个最基本的公式，是示性类理论的基础，但惠特尼讲得模模糊糊，"最好能够补出一个证明来"。那时候的吴文俊还喜欢看各式各样介绍不同思想的书,他在一本回忆录中看到了惠特尼的文章,讲到了这个公式,有 100 多页。据说惠特尼还打算专门写一本书来介绍他的思想,证明这个公式。同时,吴文俊还了解到了施蒂费尔(Stifel)的考虑,就开始根据对施蒂费尔和惠特尼的理解研究这个问题。

1947 年,陈省身回到清华大学任教,也把吴文俊带到了北京。到了晚上,吴文俊就开始琢磨这个问题——惠特尼公式的证明。他早上起来跟朋友说证明出来了,不过到了晚饭的时候再仔细考虑又觉得不对,第二天早上又觉得证明好了,到了下午又发觉有漏洞。就这样反反复复,终于有一天真的证明出来了。后来这项成果发表在美国最主要的杂志普林斯顿大学出版的《数学年刊》上,成为现代示性类理论中的公理和基石。

1947 年,吴文俊远赴法国求学。当时法国大学的习惯是读博士学位的学生们一般都是先自己做研究,当自认为取得一些成果时,再去向导师汇报讨论。如果结论很好,导师就会建议学生把文章送到《法国科学院周报》发表。吴文俊的研究还是在拓扑学示性类方面,经过一段时间,他把做好的一些工作向导师汇报。导师很满意,说可以整理成文章送到《法国科学院周报》发表。吴文俊看主要工作汇报完了,不经意地对导师说,"我还得到了另外一个小结果,是关于近复结构的",接着简明扼要地讲了这个"小结果"。没想到导师对此大加称赞,并说这个结果非常重要,要他马上把它写出来先行发表。这个"小结果"实际上是吴文俊通过示性类,证明了 4k 维球无近复结构。在当时,流形上是否存在复结构是大家关注的中心问题,而复结构存在的必要条件是近复结构的存在。这个问题的解决在拓扑学界引起了不小的震动。文章发表后,英国顶尖拓扑学家阿弗烈·诺夫·怀特海(Alfred North Whitehead)写信来称赞此事。这一关键性成果不仅影响了以后拓扑学机器有关领域的发展,而且为该领域开辟了新方向,这也让吴文俊对数学的认识进一步提高了。

1949 年 7 月,吴文俊通过博士论文答辩,获得法国国家博士学位。不到两年时间就通过法国国家科学博士答辩,这是非常少见的。1949 年秋,吴文俊在法国科学研究中心工作,其间他建立了施蒂费尔-惠特尼示性类彼此之间的关系式,国际上称之为"吴公式",他在示性类方面又上了一个新台阶。这个工作是示性类方面的,拓扑学的主要类型是研究几何图形连续改变形状时还能保持不变的一些特性,它只考虑物体之间的位置而不考虑距离和大小。而所谓示性类,是一种基本的拓扑不变量,是刻画流形与纤维丛的基本不变量。示性类是瑞士的施蒂费尔和美国的惠特尼先后从不同的途径引入的,由此开创了示性类理论。1940 年前后,陆续出了一些有关示性类的文章,后来很快有了许多重要进展。当时也有很多各式各样的示性类,不过大都是描述性的。到吴文俊做博士论文的时候,他已经对示性类有了比较深入的研究了。在博士论文中,吴文俊系统地整理了纤维丛及示性类工作。首先,他说清楚了这些示性类,并加以命名。施蒂费尔和惠特尼各自提出的示性类实质上是相同的,而且是最简单的一种,被命名为施蒂费尔-惠特尼示性类。为了看懂庞特里亚金(Pontryagin)的论文,吴文俊粗学了一遍俄语语法,就抱着俄文字典开始啃庞特里亚金的论文,最后硬是读通了,弄懂了庞特里亚金示性类,还有陈省身示性类。其次,他定义了吴类(吴示性类),建立了公式,并揭示了示性类彼此之间的关系式。有了吴类和吴公式,各种示性类之间的关系就都清楚了,把示性类的概念化繁为简,让示性类不再是抽象的概念,而是可具体计算的,其中吴公式高居核心地位。陈省身对此给予了高度评价,认为吴文俊对纤维丛示性类研究作出了划时代的贡献。

吴文俊从 1946 年夏第一次见陈省身时,被指出"方向不对",到作出"划时代的贡献",仅用了四年的时间。

回国与获奖

1951 年 7 月,吴文俊启程回国,先从巴黎乘火车到马赛港,再乘船,走了近一个月才抵达香港,换船到了广州,再乘火车回到上海,历经周折。面对为什么回国的质疑,吴文俊不以为意,他说:"出国留学,学成回国是天经地义的事情,是非常自然的,当时大家都是这样做的。这个问题倒是该提给那些滞留在国外的人:为什么不回国?"

回国后,吴文俊先是接受了北京大学数学系主任江泽涵的邀请,去北京大学任教一年。之后调入中国科学院数学所工作。他到数学所不久就经人介绍,和陈丕和结婚了。到数学所工作的 5 年,也就是 1953 年到 1957 年,是吴文俊的一段安心研究的岁月。当时他仍然在做拓扑方面的工作,但是面临着新的困难。当时的新中国受到了西方世界的封锁,能够进行学术交流的只有苏联和东欧社会主义国家,但是这些国家当时在拓扑学上是落后的。而吴文俊在国内基本上是和外界或者外国处于隔绝状态,对拓扑学的研究可以算得上是"孤军奋战"。

在这种情形下,吴文俊进行了认真的思考。在过去许多年中,研究工作一直集中在突破拓扑学的示性类的纤维丛这个范围,是不是可以扩大研究范围?他对拓扑学做了一个全面分析,包括历史调查和当前状况研究。代数拓扑早期的许多著名的重要问题,大都是拓扑性的,但由于拓扑中出现的主要工具都是同伦性的,这些工具对于拓扑性问题往往无能为力,因而自 20 世纪 30 年代以来,拓扑学的发展转而集中于同伦性问题。而吴文俊当时发现了研究拓扑性而非同伦性的工具与方法,便集中研究这一类拓扑性而非同伦性的问题。这在当时是一个"反潮流"的选择。吴文俊对于这类问题进行研究进而建立了示嵌类理论。

1955 年,国家颁布设立国家自然科学奖条例,当时叫中国科学院科学奖金。1956 年下半年评选,1957 年 1 月 24 日公布了 1956 年度的获奖名单。全国共有 34 项获奖项目,其中一等奖三项,分别是华罗庚的"典型域上的多元复变函数论"、钱学森的"工程控制论"和吴文俊的"示性类与示嵌类的研究"。1957 年,不满 38 岁的吴文俊顺利当选为学部委员(1994 年改称"院士")。

对于淡泊名利的吴文俊来说,荣誉并没有使他的数学研究和生活发生什么变化,他依旧默默无闻地、忘我地工作。

"被颠倒的历史必须颠倒过来"：研究中国古代数学

吴文俊曾说到自己最得意的三个成就，首当其冲的就是数学机械化，另外两项是拓扑学和中国古代数学的研究。别人都说吴文俊拓扑做得好，但是他自己更得意的是对中国古代数学的研究。吴文俊的数学史研究方向，着重审视中国古代数学史在数学发展历程中的地位、作用、影响及贡献，进而探求数学发展的线索和途径，理解数学发展的内在规律，寻求"数学应该按怎样的方向发展可以收到最大的效益"。

"古证复原"是吴文俊研究中国古代数学的一个突破。魏晋时期刘徽《海岛算经》第一问的"海岛公式"，因年代久远，他给出的证明和证明时使用的图已经失传，后人通过三角学、欧氏几何等当时尚未发展的知识得以证明，却不符合历史。为了给出符合历史原貌的证明，吴文俊研究了刘徽同时代的另一位数学家赵爽的"日高图"及其解释。此图是赵爽在为《周髀算经》作注时遗留下来的，虽残缺不全却包含最原始的信息。利用那个时代中国古算具有的数学知识，尤其是《九章算术》中经常出现的"出入相补原理"，吴文俊复原了"日高图"，补出了"海岛公式"的证明。遵循同样原则，应用类似方法，他又补出了《海岛算经》其余 8 个复杂公式的证明，冲破了"以西释中，以今议古"的旧框架，提出两项"古证复原"的基本原则，广为通用。其间提出的"出入相补原理"，业已成为数学史研究中的柱石。

另外，吴文俊通过研究中国古代几何学、代数学，指出中国古代传统数学的体系,不同于西方着重抽象概念与逻辑思维的体系,是从一种实际问题出发,经过分析总结而提炼出一般的原理、原则和方法,最终达到解决一大类问题的目的。从这个意义上说,几何学自成"几何代数化"的特征,并非西方学者认为的"中国古代没有几何学"那样,而代数学是中国古代数学中最为发达的部分。

在研究中国古代数学的过程中,吴文俊始终在思考中国古代数学与西方数学的核心差别究竟在哪里,中国古代数学除了来源于实践之外,还有什么特点。最终,他发现关键是三个字:机械化。机械化思想始终贯穿中国古代数学思想,中国古代数学最大的特点就是构造性和机械化,是着重解决实际问题的,方法是"机械"的。这跟西方数学的证明不一样。中国数学的经典著作大都是以问题集的形式出现,依据不同的方法或者不同类型的问题分成章节。每一问题又分成若干条目,"问""答""术""注"等,其中"问"和"答"中对问题的叙述以具体数值表达,而在条目"术"中,所有叙述都是具有普遍意义的,也就是说结论不是用定理来表达的,而是用"术"来表达的,用现代语言就是程序,是算法。

吴文俊以史为据,运用科学方法展示中国古代数学的辉煌成就。他在 1974 年以后两年多的研究中,对中国古代数学的体系特点给出精辟独到的论证,揭示了中国式的东方数学对近代数学的发展进步作出的巨大贡献,从而肯定了中国古代数学的重要价值和地位,同时正是遵循中国古代机械化数学的启示,激发出了他的数学机械化思想。

适合"笨人"来做：开创数学机械化

吴文俊曾讲过，"依我看，数学这个行当是适合笨人来做的"。当然，对于聪明和愚笨要有适当的理解。他认为自己不属于聪明者之列，故而要付出超出常人的努力，勤勤恳恳地去练笨功夫。正是由于勤于下笨功夫，他在解决数学问题时逐步练就了强大的攻坚能力，才得以成功进行数学机械化领域的研究。

吴文俊回国后也经历了动荡的时期，当时国内的很多数学家都在思考中国数学将如何进步。吴文俊很清楚这个问题要求中国数学家必须创新，做开创领域的工作，这是最重要的创新。要开拓属于我们自己的领域，创造自己的方法，提出自己的问题。1971年，他被分配至北京无线电一厂劳动。在那里他第一次看到了计算机，也被计算机的性能震惊到了。他选择了做机器证明，从几何定理的机器证明这个方向突破。

机器证明这个想法其实很早就有了，最初是波兰数学家 A. 塔斯基（A. Tarski）于 1948 年提出来的，但是他的想法太复杂，不具备实际操作性。华裔数学家王皓是早期开展机器证明的学者之一，但是逻辑定理的机器证明过于简单，无法匹敌几何定理的机器证明。另外，美国人沿着塔斯基的思想路径也没有取得很好的成绩。

吴文俊早期几乎阅读了所有能找得到的国外文献，充分了解了机器证明。1976 年冬，他开启了定理证明机械化的研究。当时并没有计算机,吴文俊自己用手算。他把自己当成计算机,还称自己为"吴氏计算机"。为了证明这个方法的可行性,"吴氏计算机"证明的第一个定理是费尔巴赫定理。证明过程涉及的最大多项式有数百项,整个计算过程非常困难,稍有疏漏便难以继续演算,最麻烦的还是要找出真正问题所在。经过数月的奋战,1977年春,吴文俊首次用手算成功验证了机器证明集合定理的方法。他非常振奋,接着又用手算证明了其他几个著名的几何定理,也成功了。他取得了理论突破:初等几何主要一类定理的证明可以机械化。

1977年,吴文俊在《中国科学》上发表《初等几何判定问题与机械化问题》,并以此为起点,建立多项式组特征列的概念。以此概念为核心,他提出了多项式组的"整序原理",创立了机证定理的"吴方法",首次实现了高效的几何定理的机器证明。

接下来,就需要更多的更进一步的验证,这就必须要有一台机器了。当时国内缺乏机器,吴文俊用过长城203等比较简单的机器。第一台功能比较强大的机器是在美国买到的。有了机器后,吴文俊一直坚持自己编程,自己上机。吴文俊在年近花甲之年,从零开始学习编写计算机程序,从最早的汇编语言,到后来的 BASIC 语言、ALGOL 语言和FORTRAN 语言,每次新语言的出现,吴文俊都是从头学过。正是由于他的勤奋与拼搏,1984年,他的学术专著《几何定理机器证明的基本原理(初等几何部分)》出版,这部著作系统阐明了几何定理机械化证明的基本原理,获得学术界的高度赞扬和推崇。

1985年，吴文俊在《科学通报》上发表《代数方程的零点——Ritt原理的一个应用》，标志着他领导的数学机械化研究的侧重点由证明定理转向求解方程。他身体力行，把求解多项式方程组的特征列法推广到微分的情形，建立了求解代数微分多项式方程组的微分特征列法。他本人的研究工作，已将解方程应用到许多领域，并提供了有效的数学途径，如线性控制系统、机械机构综合设计、平面星体运行的中心构形、化学反应方程的平衡、代数曲面的光滑拼接、从开普勒定律自动推出牛顿定律、全局优化求解等。程民德院士曾指出，实现数学机械化，将为中国数学的振兴乃至复兴作出巨大贡献。

得到认可：数学机械化中心成立

1979年，中国科学院系统科学研究所成立，吴文俊到系统所工作。他认为这对他的研究可以算作"战略性的变化"，因为系统所提供的环境对于他的数学机械化研究和中国数学机械化的发展有着重要的作用。

自1977年11月第一篇有关几何定理机器证明的论文发表之后，除了专业研究，吴文俊非常注重向数学界和公众宣传数学机械化思想。在《吴文俊论数学机械化》一书中，就有5篇这种类型的论文，发表于1978年到1981年间，刊物类型不同，深浅不一，但思路是明确的。总的来说，吴文俊想要表述的是：数学机械化研究是一个重要的机遇，需要很多人来一起做这项研究。因此，他认为有两个关键点：一是要建立一支能打硬仗的队伍;二是要把研究成果以最快的方式向世界公布。

在那个时候,这两件事做起来都不容易。要建立一支队伍,即便放在今天也不是件容易的事情,在当年环境下的难度,大概很多人都无法理解。1983 年起,吴文俊陆续招了一些研究生,那个时候研究生完全是按配额来的,没有扩招。最早的几位学生王东明、胡森、高小山、刘卓军、李子明后来都成为国内数学机械化研究的中坚力量。招生后,就要逐步培养这支队伍。吴文俊举办了一个讨论班,难能可贵的是,这个班坚持了二十多年,随着国内数学机械化研究队伍的壮大,从开始的内部专题讨论、各种形式的数学机械化发展动向交流等,逐步演变成邀请全国各个队伍的研究人员介绍新的研究进展、重要问题等。讨论班成为数学机械化领域学术交流的中心,为数学机械化研究和全国范围内研究队伍的发展立下了汗马功劳。第二件事就是要把研究成果以最快的方式向世界公布。20 世纪 80 年代没有网络,国内连电子邮件都还没有。传统的期刊出版频率和周期又太慢太长,不能满足需求。于是吴文俊决定自己出研究成果的预印本。当时没有专业的排版系统,普通的排版系统很不好用,数学公式的排版非常困难。吴文俊自己发明了一套记号,不使用上下标也可以比较准确地表示数学公式。就这样把大家的研究成果以预印本的形式,以尽可能快的速度向世界公布。这两件事坚持至今,对国内数学机械化的发展起到了很大的作用。

到 1990 年,在国家科委的大力支持下,数学机械化研究中心成立,至此数学机械化有了研究机构、研究设备和经费保障,数学机械化研究出现了全新的局面。吴文俊指出,"应用是数学机械化的生命线",在这一思想的指导下,国内数学机械化研究队伍在机器人、计算机图形学、物理学、力学和机械等领域进行了长期的研究。之后,数学机械化重点实验室整合了数学机械化研究中心和万哲先院士建立的信息安全研究中心的力量,主要开展数学与计算机科学的交叉研究,其中符号计算、自动推理、密码学等领域在国际上产生了重要影响。

数学机械化成就突出,屡获殊荣

20 世纪 90 年代起,吴文俊也因在数学机械化方面的成就,获得了一系列的国际科技奖项:1992 年,获得第三世界数学奖,当选第三世界科学院院士;1993 年,获得香港陈嘉庚基金会数理科学奖;1994 年,获得香港求实基金会杰出科学家奖;1997 年,荣获自动推理界最高奖——厄布朗自动推理杰出贡献奖,成为获得该奖的第三人;2001 年,获首届国家最高科学技术奖。

还债:心中装着中国数学

青年时,陈省身曾告诉吴文俊还前人古人的债,要自己做研究,自己写东西。中年时,吴文俊更是忙于"还债",还科学的债,还党和祖国的债,要把自己毕生的力量献给祖国。吴文俊曾说，"不管一个人做什么工作，都是在整个社会、国家的支持下完成的……我的成就的取得就离不开国家的支持。我要继续努力，为发展我国数学事业作出新的贡献"。

在发展中国数学的道路上，吴文俊始终有一个坚定的信念，那就是"要有自己的东西，不能跟着别人跑"，不能外国人怎么干，国内就非得怎么干。尤其是在机器证明这个学术领域里，吴文俊甚至因此还与同事有过争论。有同事质疑他在机器证明上不像国外用逻辑证明，他反驳道："不是外国人用逻辑证明，我们就一定要用。外国人有道理的地方我们当然会学，不是不学外国，只是只需要吸收觉得正确的地方，不能说外国人怎么搞我们就得怎么搞，不是这么个道理。"他为中国数学学科的发展和相应科研环境的建设一直尽个人所能作着贡献。

他积极倡议并全力支持"教学天元基金"的工作。最终在胡国定、程民德、吴文俊等众多数学家的倡议之下，国家为增强对数学研究的支持，于 1989 年设立了"数学天元基金"。吴文俊于 1995—2000 年担任该项基金学术领导小组组长，此后担任顾问至 2009 年。许忠勤评价道："吴先生的组长当得很出色。"吴文俊强调，在基金评审和管理上，应该从整个数学事业的发展全局出发，防止片面性。他处事为公，以理服人，经常提出独到并被他人接受的见解，1994 年金融数学被列入优先资助领域便是他的功劳。

吴文俊一直致力于团结带领整个中国数学界赶超世界先进水平。他担任中国数学会理事长期间，领导中国数学会成功加入国际数学联盟，大大提高了中国数学的国际地位。2002 年，国际数学家大会在北京举行，这是中国数学发展的一个象征。开幕式上，吴文俊做了题为"中国古代数学的实数系统"的报告，希望世界数学界更多地了解中国古代数学的辉煌成就，"古代中国的数学活动可以追溯到很早以前。中国古代数学家的主要探索是解决以方程形式表达的数学问题。以此为线索，他们在十进制位值制记数法、负数和无理数，以及各种解方程的方法方面为人类文明作出了贡献……"

吴文俊致力于中国数学史学科的发展。2001 年，他为了鼓励支持有潜力的年轻学者深入开展古代及中世纪中国与其他亚洲国家数学与天文学沿丝绸之路交流传播的研究，从荣获的最高科技奖奖金中先后拨出 100 万元人民币，设立了"数学与天文丝路基金"。同时，他任名誉主编的大型丛书"丝绸之路数学名著译丛"也已出版，并带动了一系列中外数学天文史比较研究的专著和研究论文问世。

吴文俊是一位杰出的数学家。他在数学的核心领域拓扑学作出了重大贡献，开创了数学机械化新领域，开辟了数学的一方新天地，对国际数学与人工智能研究影响深远。吴文俊又是一位具有强烈爱国精神的科学家。自 1951 年他从法国回到祖国后，半个世纪如一日，为深爱的祖国发展数学事业而鞠躬尽瘁。他为中国现代数学的发展建立了丰功伟绩，正如他对党和人民的誓言，倾诉着他对祖国和人民的热爱，"我虽年逾八旬，但却愿与年轻人一道，开拓创新，为党和人民的事业奋斗终生"。

◆ 参考文献 ◆

［1］吴文俊.吴文俊论数学机械化［M］.济南：山东教育出版社,1996.

［2］吴文俊.中国传统数学的未来［N］.文汇报,2001-02-21(11).

［3］吴文俊.迎接名副其实的崭新的数学世纪［N］.光明日报,2002-08-23.

［4］吴文俊.东方数学的使命［N］.光明日报,2003-12-12.

［5］胡作玄,石赫.吴文俊之路［M］.上海：上海科学技术出版社,2002.

［6］朱隆泉,蔡西玲.思源湖——上海交通大学故事撷英［M］.上海：上海交通大学出版社,2006.

［7］吴文俊口述,邓若鸿、吴天骄访问整理.走自己的路——吴文俊口述自传［M］.长沙：湖南教育出版社,2015.

［8］田春芝,纪志刚.从"古为今用"到"丝路精神"：吴文俊数学史观的形成与演变［J］.自然辩证法研究.2021(43)：55-62.

［9］李文林,魏蕾.吴文俊的数学境界［N］.中国科学报,2021-6-24(5).

南仁东：

铸就国之重器　一生仰望星空

南仁东是国际知名天文学家、中国科学院国家天文台研究员、FAST（国家重大科技基础设施 500 米口径射电望远镜）首席科学家兼总工程师，入选 2017 年中国科学院院士增选初步候选人。2017 年 8 月，在"中国天眼"建成一年后，72 岁的南仁东因肺癌突然恶化不幸离世。他先后获颁全国创新争先奖、改革先锋奖章。2019 年 9 月 17 日，获得"人民科学家"国家荣誉称号。他是"中国天眼"的主要发起人和奠基人，被评选为"最美奋斗者"。

对天文学的探究是人类文明自诞生以来一直孜孜不倦追求的事业。作为人类最古老的自然科学，天文学自农耕时代起，就帮助人类获知节气，获得准确的播种时间，开启驯化粮食的时代，实现了农业化这一人类历史上的第一次革命性进步；进入航海时代，通过天文观测，人类得以开始大西洋和太平洋上的航行，实现了文化和经济的极大扩张与传播。近代以来，从哥白尼通过简陋仪器的观测和缜密大胆的思考，出版了《天体运行论》，推翻了"地心说"，提出了"日心说"，到光学望远镜的发明和应用，以及科学史上的各项重大发现，譬如万有引力、光学、热学、力学等，都萌发于天文学的发展。可以说，天文学真正推动了基础学科的重大突破和人类的两次工业革命的进程。

1931 年，美国贝尔实验室的工程师卡尔·央斯基（Karl Jansky）发现了宇宙中无线电波的存在，从而推动了天文学观测从光学望远镜到射电望远镜的革命性突破。由于电磁波的波长能达到可见光波的几十万倍到几千万倍不止，射电望远镜能够极大地突破对于宇宙的观测范围，成为天文学研究真正的"重大基础设施"，其复杂的技术难度和极高的科技含量也使得大型射电望远镜成为国家综合科技实力和工程实力的集中体现。

作为目前全球最大的中国 500 米口径射电望远镜设施的主要发起人和奠基者，南仁东凭着他数十年对天文事业的热爱，一头钻进贵州的大山中，仰望星空，心系家国，燃烧了他 72 年热忱的生命，铸就了真正的国之重器。

从人民中来，到社会中去：从"清华学子" 到"战术工人"的蜕变

1945 年 2 月 19 日，南仁东出生于吉林辽源一个矿务局工程师的家庭。在六个孩子当中，南仁东排行老二。据儿时的伙伴回忆，像很多憧憬星空的孩子们一样，南仁东从小就喜欢在辽源的龙首山上看星星。而童年的南仁东对于星星的热情更甚于同龄人。这也许成为他日后执着铸就大国重

器的伟大梦想的源泉。

1957年,12岁的南仁东就读辽源四中,开始了初中的学习生涯。在同龄人眼中,刚上初中的南仁东记忆力超强,也很喜欢广泛地阅读各类书籍,从地摊上的小人书,到美术与文学等他都很感兴趣。但是由于玩心很重,南仁东成绩虽然一直不错,但不够突出。据弟弟南仁刚回忆,真正改变南仁东的人,是辽源四中的一位老师。在南仁东上初三时,也就是15岁那年,这位老师与他进行了长达一天的促膝长谈。这一天的谈话并非传授知识,而是谈及思想,谈到了人生的志向与国家的未来。这也让15岁的南仁东第一次真正触及人生努力方向的思考。

1960年,南仁东就读辽源五中。此时的他已经充分展露出过人的天赋、勤勉与广泛的科学兴趣爱好。在课堂上,由于提前自修了高中物理课程,他能够提出很多新的疑问,每一道题也都会提出多种解法。南仁东从来不是苦读型的学生,他不仅有很多兴趣爱好,而且每一样都做得很好。他有一台照相机,他自学摄影技术,买材料自己配显影药水;在高二的时候,出于对天文学的极大兴趣,他开始订阅《每日一星》杂志。多年后,记忆力极强的他还能够回忆起高中所学的知识。当他到苏联访问时,还能将高中时背诵过的斯大林红场演讲完整地背诵给苏联的同行听。

直到高三,当其他同学都在努力备考时,南仁东还在开展很多课外的体育和文艺活动。那年高考,他在百分制的分数中获得了98.6分的平均分,以吉林省理科第一名的成绩被清华大学录取。据说,他一开始填报的专业是建筑系,他的考分也远远高于建筑系的录取分数,但是由于国家建设的需要,他被调剂到了无线电专业。事实上,对于建筑的兴趣依旧贯穿南仁东的一生,和他所学的专业一起,日后都成为成就"中国天眼"的重要因素。

从大学开始,南仁东留起了小胡子,这成为他此后一生的习惯。这个形象不论是在当时的校园里,还是在日后的工作当中,多少都显得有一点特立独行。但这也许就是南仁东逐渐磨砺出的独立、坚毅的性格和不随波逐流的特质。

作为独立思考特质的体现,经历了大学学习生活的南仁东逐渐意识到了日后英语的重要性,在当时普遍以俄语作为第一外语的大环境中,他开始自学英语。宿舍里人太多,他就到学校的草坪上去学习;后来草坪也不够安静,他就拿着英语词典到公交车上去看音标记单词。凭借惊人的记忆力和过人的勤勉,到了大学毕业时,南仁东已经熟练地掌握了英语,成为那个年代国内培养出的科学家中难得的英语不错的一位。多年后在"中国天眼"立项的国际评审会上,听过南仁东英语阐述的专家评价说:"南仁东先生的英语不好不坏,有些话没说清楚,但他要什么,说得特别清楚。"

1968 年 11 月,23 岁的南仁东从清华大学毕业,被分配到刚成立两年的吉林省通化市无线电厂工作。

刚到单位的南仁东一开始被分配到包装车间。由于感受不到工作的挑战性,他马上找到当时的厂长辛占元,要求更换工作种类。经过据理力争,辛厂长决定将他调到无线电组装车间,从金工学徒做起。金工是对金属加工各种工艺的总称,与南仁东大学里学习的无线电专业并不对口,但是南仁东非常喜欢这个有挑战性的岗位,开始从学徒做起,一丝不苟地干了起来。

学习自然会有成本,但是据当时的工人们回忆,南仁东"做什么,成什么"。

1969年,厂里把研制便携式小型收音机的任务交给了包括南仁东在内的四人科研小组。作为收音机实体形象设计的负责人,南仁东立刻投入测算和绘图工作,很快做出了产品的模具,并在后期的注模测试中一次成功。其实哪怕是做模具的专业老师傅,也要至少经过好几次测试才能成功,南仁东的"设计精准"由此可见。在之后的整机研制中,虽然困难重重,但是南仁东总能啃下硬骨头,不断调整方案,不断测试。经过团队的努力,"向阳"牌收音机很快面世,并畅销全国,成为知名的收音机品牌。

1970年,厂里又接到了10千瓦电视发射机的研制任务。在当时几乎没有电视的中国,在很多人眼里,这是一个几乎不可能完成的任务。但在南仁东的眼里,"怎么不可能? 半导体收音机,我们不是也干下来了吗?"他拉着厂里刚从大学分配来的技术员刘绍禹一起,主动请缨承担了这项重任。据刘绍禹回忆,这项研制工作两人是从研究两大麻袋图纸开始的。南仁东发挥了巨大的作用,也投入了大量的精力。发射机上很多零件厂里技工做不出来,南仁东就自己做,而且精度非常高,甚至连机器的铭牌都是他手工打造的。当年这台10千瓦电视发射机通过了省级检验,而南仁东主导设计的电视发射机外形被吉林省工业厅评为第一名。

完成了电视发射机后,南仁东又承接了和吉林大学共同研制小型计算机的任务。计算机的研制涉及相当多的电子元器件，对可靠性的要求极高。在这个设计中的2 000多个二极管、300多个三极管，要求位置摆放精确、接触良好，南仁东经过精确计算、亲手设计绘制图纸最终都得以实现。就在这一年，26岁的南仁东被提拔为厂里的技术科长。

从大学毕业开始，南仁东在通化无线电厂工作了整整10年。很多年后，当别人称他为"战略大师"时，他常常会说："我不是战略大师，我是个战术型的老工人。"这是他在基层10年的工作体会。他从工人身上获取了大量的宝贵经验，也真正认识到了实践的重要性。从工人中走出来的南仁东，真正扎根基层10年，在那个物资匮乏的年代，亲手实践和缔造了很多从零开始的研发，也为此后的伟大事业打下了坚实的实践基础。

心向天文，身入万山："把大射电望远镜建到中国来！"

1977年10月，国家宣布恢复高考。第二年，南仁东参加高考，被中国科学院研究生院录取为天体物理专业研究生。

研究生求学生涯一开始还出现了一点波折。上学两个月后，南仁东给学校留下了一封信，直接放弃攻读研究生，跑回工厂。10年的工厂岁月让他对于自己从事的无线电事业充满了感情，哪怕获得了宝贵的攻读研究生的机会，他还是一直想念着工厂里实践和研发的日子。在工厂、朋友和亲人的不断劝说下，他最终同意返回学校，继续读研。

来到中科院，南仁东师从著名天文学家、中科院院士王绶琯教授,开始从事射电天文学研究。王绶琯教授是中国现代天体物理学的奠基人之一,也是中国射电天文学观测研究的主要开拓者。1966 年批复建设的中国科学院国家天文台密云观测站中最重要的设备——"密云 50 米天线",即 50 米口径的射电望远镜,就是王教授几十年呕心沥血的杰作。在王教授的指导下,在研究生期间,南仁东独立提出了利用射电强源 Cyg A 校准密云米波综合孔径望远镜的方法,成功应用于观测,完成了电离层改进模型及望远镜阵列的成像。

1981 年,取得研究生学位后的南仁东来到中科院天文台工作,担任助理研究员。第二年,37 岁的南仁东继续师从王绶琯教授攻读天体物理学博士学位。

从 1984 年开始,南仁东已经开始独立开展很多具有创造性的科研工作,其中包括使用 VLBI(国际甚长基线网)对活动星系核进行系统观测研究,主持完成欧洲和全球网十余次观测;首次在国际上应用 VLBI"快照"模式,取得了丰富的天体物理成果;纠正了类星体 3C119 的前期观测结论,认证了多个类星体及射电星系的中央发动机;建立了北京天文台 VLBI 相关后图像处理中心,使得 20 世纪 80 年代国内进行 VLBI 数据分析成为可能;等等。

事实上,王绶琯教授带给南仁东的不仅仅是科研上的指引。作为青少年科普工作的倡导者,他长年致力于通过科普天文学知识激励、培养青少年。南仁东在王绶琯的感染下,不仅重新燃起了对于天文的热爱,同时,也为他以后铸造大国重器时仍念念不忘青少年科普工作埋下了一颗种子。

1985 年,40 岁的南仁东应邀远赴苏联和荷兰进行交流访学。在苏联,他到莫斯科附近的普希诺射电天文台和乌克兰克里米亚射电天文台访问。他还特地去走访了基辅和第聂伯河,这也是小说《钢铁是怎样炼成的》的主角保尔·柯察金的家乡。不是共产党员的南仁东,心里却一直怀揣着对于革命和信仰的理想追求。这种深埋于内心的坚忍不拔,也成为他此后在艰难中不断前行的不竭动力。12月,南仁东又乘坐火车来到荷兰的德文格洛射电天文台做访问学者。其中一个小插曲是,因为条件艰苦,没有足够的路费,当时他还没到荷兰,钱就不够用了。为了凑足路费,他用仅剩的钱在当地的商店买了纸和笔,在路边给别人画素描像,这才凑齐了到荷兰的路费。当时他还没拿到荷兰的签证,但是荷兰的这一国际知名的射电天文研究所的邀请让他心情非常急迫。最后,在荷兰德文格洛射电天文台的帮助下才补办了签证。

1987年5月,南仁东结束了荷兰的访问学习,回到中科院北京天文台担任副研究员。之后的5年,他先后前往荷兰、日本、美国、英国、意大利等多家天文科研机构进行客座研究,还担任了北京天文台副台长、北京天文学会理事长等职务。

1993年9月,国际无线电科学联盟(URSI)第二十四届大会在日本东京召开,多国天文学家共同提出,要抓紧建设一个新一代的功能强大的大射电望远镜。这一项目后来被命名为 Square Kilometre Array,缩写为"SKA"。

听闻消息的南仁东特别振奋,他当即提出"我们要抓住这个机会,积极参与"。

但是,当时中国射电望远镜距离国际先进技术还有很大的距离。1993年,我国最大的射电望远镜在新疆乌鲁木齐南山建成,口径只有25米,而1974年建成的美国阿雷西博射电望远镜口径已经有350米了。

为了能够抓住这一千载难逢的机会,争取改变国家在这一领域落后的现状,南仁东立刻开始着手联络一批天文学家和科研单位,主动开展了国际大射电望远镜在中国落地的推进工作。1994年春,17 000多字的《大射电望远镜(LT)国际合作计划建议书》完稿,12位国内知名天文学家和3位业界泰斗作为合署建议人和顾问在建议书上签名。在这份建议书中,南仁东谈到了射电天文学的重要意义,也说出了中国参与这一项目的重要机遇和有利条件。最后,他明确提出两条积极推进的具体要求:一是必须争取把大射电望远镜建在中国;二是必须争取中国少出资甚至不出资。

事实上,争取这一项目面临很大的挑战与困难,除了国内选址上的挑战,如需要找到相对偏远、环境相对安静、应有平坦或者石灰岩溶多谷形地貌外等,还有来自国际上其他国家,如印度、澳大利亚等国的竞争。但是,一旦能够争取该项目落地中国,正如建议书中所说,"必然能极大地提高我国天文学乃至基础学科研究总体的显示度,同时将会提供更多机会去接触、学习与消化国外最新的无线电、天线制作、通信、计算机、材料与工艺等先进技术"。

1994年春夏之交,建议书得到了中科院的支持,南仁东随即开始了国家大射电望远镜的中国推进预研究工作。

选址是南仁东首先要解决的问题。在中科院遥感应用研究所的推荐下,聂跃平来到了南仁东的团队。生于贵州的聂跃平一直在研究喀斯特地貌,在见到南仁东的第一面,他就向南仁东推荐了之前从未列入考虑之列的贵州——喀斯特地貌不仅有大射电望远镜需要的"大坑",还可以自动排水。南仁东立刻拿出了自己可以管理的有限经费,特批聂跃平坐飞机到贵州实地考察。

事实上,这个项目组根本没有任何经费,但是南仁东依旧想办法为聂跃平这一次30多天的野外考察争取到了一点补贴。考察回来后,聂跃平一方面根据南仁东的要求,撰写了《大射电望远镜中国贵州选址调查报告》;另一方面,他私底下给中科院院长周光召写了一封信,希望院长能够为大射电望远镜的选址工作提供启动资金。写这封信是一个大胆的举动,聂跃平此时只是一个普普通通的研究人员,而周光召则是大名鼎鼎的"两弹"元勋,但是此时的聂跃平对南仁东推动这一宏伟项目付出的努力深受感动,他从内心希望能够将这件事继续做下去,哪怕此时还没有任何的进展。

聂跃平的大胆和努力得到了回报。1995年初,周光召为选址项目组特批了5万元。

时间回到1994年10月,大射电望远镜推进十国工作组在荷兰召开会议,贵州选址的报告在会上引起了重视。接下来,中科院旋即成立国际大射电望远镜中国推进委员会,南仁东担任主任,聂卫平担任选址组组长。艰苦的选址工作这才真正启动。

贵州的喀斯特地貌十分复杂,要寻找合适的大射电望远镜的地址非常艰难。南仁东和聂跃平首先通过卫星遥感技术找到了3 000多处候选地,接下来,南仁东坚持每一处选址都要亲自去实地走访。很多地方汽车不能驶入,他就带领队伍步行几公里甚至十几公里走入大山深处。令项目组感动的是,每到一处地方,哪怕当地条件有多艰苦,听说南仁东一行人的来意,贵州当地老百姓都会拿出家里最好的食物来招待北京来的客人。贵州全省从各级政府到基层老百姓都给予了很大的支持和帮助。经过南仁东一行人的艰难探索,1995 年春,选址初步锁定在安顺普定和黔南平塘两地。

选址的大力推进让南仁东充满了希望。在他的大力推动下,1995 年 10 月 2 日,国际大射电望远镜工作推进国际会议在贵阳开幕,30 多名国际知名的天文学家跟随担任大会主席的南仁东,前往选定的地址进行考察。为了迎接国际专家的到来,本不富裕的普定和平塘两县政府克服种种困难,修好了前往选址处的公路,为专家们提供了一切力所能及的条件。

贵州人民的善良和热情好客给外国专家们留下了深刻的印象,也给南仁东和他的团队坚持下去的决心。

这次在贵州召开的国际会议使得大射电望远镜落户中国充满希望,但是可能南仁东本人也没能想到,从 1994 年开始选址,到最终国家批准立项,竟然会历时整整十三年。

"疯子"还是"狂士":FAST 的十余年艰难孕育之路

1996 年,南仁东和他的团队经过一轮又一轮的卫星遥感和实地勘查,发现了一个叫作"大窝凼"的地方。

大窝凼位于平塘县克度镇内,从镇上过去只有一条 13

公里仅供步行的弯弯曲曲的小路。这是一个巨型的天坑,坑底还有农户和稻田,一共住着 12 户人家 62 口人。虽然它是一个巨大的窝凼,但是当地的居民却从未受到过山洪的影响,因为大量的水都能通过一个大洞,也就是地质学上的"漏斗"流走。地形的特点以及能够排水的特性使得大窝凼非常适合修建大口径的大射电望远镜。

为了勘查大窝凼,南仁东一共下去过 30 多次。每一次下去,他都会在那里待很久,夜里还会住在农民的家里,与农民聊天。从凼顶到凼底是一条之字形的小路,转弯处非常陡,一旦下雨路上会非常滑。据聂跃平回忆,有一次下大暴雨,南仁东被泥水冲了下去,幸好被小树丛挡住了。哪怕是晴天,上下一次大窝凼对于年岁较大的南仁东都是很大的挑战,好几次快到凼顶的时候,他都拿出了速效救心丸服下。

这样充满艰辛但锲而不舍的探索,不只是在对大窝凼的勘探中,还体现在很多其他方面遇到的难以预料的困难中。事实上,在国际大射电望远镜的建设技术路线方面,一直存在两种方案:一种是由中国和加拿大提出的"大口径小数量";另一种是由荷兰、美国、澳大利亚等国倡导的"小口径大数量"。在国际上中国的方案并不占优势。其实从 1997 年起,南仁东就逐渐意识到了,不能完全把希望寄托于争取 SKA 项目落地中国。他提出了一个大胆的计划:中国独立建造一台 500 米口径的大射电望远镜!

事实上,从一开始南仁东规划 200 米口径的射电望远镜时,不少人已经觉得非常夸张,提出 500 米口径的大射电望远镜建设,很多人说南仁东就是一个"疯子",一个"狂士",这个计划根本无法完成。

但是南仁东依旧坚持不懈地做了起来。1997年7月,在大射电望远镜中国推进委员会一大批专家的认同和支持下,我国独立建造一台全世界最大单口径射电望远镜的设想正式提出,并将其命名为 Five-hundred-metre Aperture Spherical Telescope,简称 FAST。

FAST 的创意凝聚了南仁东和其他几位专家的大量心血,这个词直译过来就是"快",事实上它蕴涵了跨越、追赶、领先的意思,也表达了南仁东和关心中国天文事业的专家们对于这个项目的巨大期望。南仁东亲自为 FAST 设计了徽标。

1999年3月,中国科学院知识创新工程首批重大项目"大射电望远镜 FAST 预研究"启动。

预研究是项目正式启动前必要的步骤,可以有效地对正式项目所需的技术要求进行验证,并研制出一批缩比样机,在工程上和技术上完成实践。FAST 是一项巨大的工程,除了前文提到的选址、台址勘查与开挖系统外,还包含六大工程,每一项工程都有负责的总工程师和团队,需要攻克很多的难关。这些团队成员都非常年轻,比如六大系统中的"主动反射面"团队,总工程师王启明在 2000 年夏进入这个团队,当时他才 39 岁,在清华大学做博后,而他当时接到的任务是要研制一台能够悬挂在 150 米高空的特殊的"并联机器人",用来调整"宇宙信息接收机"的指向精度。这样一个完全创新、充满挑战性的项目,王启明带领团队持续攻关,用半年时间就完成了 FAST 精调平台 1 米尺度缩比样机的研制工作。

    FAST 预研究工作的难度不仅在于有众多的完全创新的技术和应用需要不断突破,经费的短缺也是一直摆在南仁东面前的难题。中科院一直在持续资助这一项目,但是由于国家的前沿科研项目众多,中科院的资助在 FAST 预研究的巨大工作量面前也是捉襟见肘。为了使预研究能够进行下去,南仁东想到了国家自然科学基金委员会。他亲自找到时任基金委数学物理科学部常务副主任汲培文,向他进行了汇报并争取支持。经过调查和论证,这一次的申请直接获得了基金委 200 万元的资助。这在 FAST 长达十多年的艰难预研究中是至关重要的一步。

    2005 年 1 月,国家自然科学基金交叉重点项目"巨型射电望远镜的新模式"启动。

    在基金委的资助下,FAST 的 30 米口径索网结构缩比模型半年内就建造完成。这一基础性的论证工作,不管是对 FAST 项目国内立项,还是争取国际上 SKA 计划落地中国,都至关重要。

    事实上,FAST 项目预研究的难度超乎想象,它所涉及的科学范围之广、深度之大,学科间交叉之多,加之有大量研究工作根本没有任何经验可借鉴,需要从头开始创新突破的领域。另外,当时其实仍然在争取 SKA 计划在中国落地,在结果没有出来之前,大量的时间都处于预研究的状态,对于南仁东而言,所需付出的耐心和带领团队、争取经费的困难都是罕见的。

    而南仁东所遇到的困难,还远不止是经费和科研上的。

从中科院 1999 年支持启动预研究开始,国内外大量批评和质疑的声音就从未断过。美国方面一开始就发出了 FAST 过时了的声音,而更多国内外的专家则是质疑中国根本就没有技术实力,也没有必要进行 500 米口径大射电望远镜的建造。后来的南仁东事迹展,记录下了南仁东说过的这样一句话:"我开始到处游说,让全世界来支持我们。"

这就是南仁东所面临的困境,一方面要带领团队突破经费和技术的瓶颈,另一方面为了获得更多人对于 FAST 的理解和支持,还要到处去游说和劝说。2004 年 5 月 6 日,从来不愿意抛头露面的南仁东破例接受了中央电视台《百家讲坛》节目的邀约,在电视上讲述了《寻找地外生命》,借此机会介绍了大射电望远镜。从 1993 年开始,长达十多年的时间,南仁东一直在自掏路费,先后联络了全国二十多家高校和科研院所,一家一家地动员他们参与到这一项目中来。除了国内,他还常常到国外去奔走游说。为了省钱,他总是跟助手挤在一个房间里。在宾馆开会吃饭怕花钱,他总是自带干粮。

2005 年春的一天,在去科技部的路上,南仁东突然在车里坐不住了,胸口很难受,接着在后座直接歪着倒了下去。司机赶紧把他送到了医院,经过检查,医生认为不宜下结论,需要大医院的专家进行会诊。南仁东一看到大医院排队时间太长立刻决定不去了。据他身边的工作人员回忆,巨大的工作压力使得他早已积劳成疾,2015 年他被查出患有肺癌,其实病情很早就有端倪,但是为了节省时间,他每次一到医院,还没看上病就又回去了,导致病情一拖再拖,延误了治疗。

在这样的压力下,南仁东坚持了十多年的 FAST 预研究,一边坚持自主科技创新和研发,一边继续争取国际 SKA 计划落地中国。但随着对中国申请 SKA 越来越多不利信息的出现,他逐渐认识到了独立自主、自力更生建造大射电望远镜的必要性和紧迫性。2005 年,南仁东决定给中科院提交一份报告,提出要向国家争取 FAST 项目的立项,希望依靠中国人自己的力量,独立建造这个世界上最大的射电望远镜。FAST 项目十多年的艰苦努力即将看到曙光。

自力更生,艰苦奋斗:"天上多了一颗'南仁东星'"

2005 年 9 月,收到南仁东的报告后,中科院组织召开了 FAST 建议书专家评审会,与会专家一致认为 FAST 预研究和相关研究报告论证非常充分,项目得以顺利通过。11 月,南仁东提出了要向国家申请 FAST 项目立项,中科院主要领导明确表示支持,并提出了召开一个国际评估与咨询会,邀请国际上相关领域的顶尖专家来参加评估,以此使该项目立项更好地通过国家的审批。

南仁东立刻带领团队投入 FAST 国际评估与咨询会的筹备当中。国际知名专家的意见举足轻重,一旦失败,FAST 立项将遥遥无期,十多年来的努力很有可能付诸东流。以此为契机,南仁东和团队将 FAST 项目的每一个子项目进行了完备的检查,也做了很多的完善与提高,整个团队再次承受了如同赶考一样的巨大压力。

2006 年春,FAST 项目国际评估与咨询会议在北京友谊宾馆召开,美国国家射电天文台台长鲁国镛、国际天文学联合会主席罗纳德·艾克斯等 11 位外国专家和曾任上海天文台台长的中国科学院院士叶叔华、曾任中国航天局副局长的国际宇航科学院院士郭宝柱等 6 位中国专家出席了这次会议。会议从 3 月 29 日开到了 4 月 1 日,南仁东用英语主讲。

　　与此同时,2006 年夏,国际 SKA 计划竞争会在英国剑桥大学召开,经过多年的酝酿和评审,四个国家进入最后的竞争环节,中国也派出代表团赴伦敦全力争取 SKA 计划在中国落地。会议从 2006 年 7 月 3 日正式进行,经过 3 天的激烈答辩、评估、投票,四国的先后排名是澳大利亚、南非、中国和阿根廷,中国不占优势。

　　2006 年对于 FAST 项目来说,是关乎前途命运的一年。这年 8 月,在捷克布拉格举行的国家天文学联合会第二十六届大会上,南仁东当选了国家天文学联合会射电天文分部主席。在南仁东的事迹展上,是这样记述此事的:"这是中国天文学家第一次在此层面任职,在国际射电天文界得到了同行的广泛认可和尊重。"而这次还是在南仁东本人不在场的情况下被选为主席的。9 月,国际 SKA 计划推动工作委员会发布决定,中国和阿根廷被排除,最终 SKA 项目确定在澳大利亚和南非双台址同时建造。11 月,FAST 国际评估会的专家意见书到了,评估意见书的结尾明确写道:"FAST 项目可行,建议尽快立项和建设。"

　　至此,SKA 项目落地中国彻底没有希望,而独立自主建造大射电望远镜的 FAST 项目却得到了国内外顶尖专家的明确支持。

2007年7月，经国家发展和改革委员会批复，FAST工程正式立项。这一年，南仁东已经62岁了。

立项对于南仁东来说，是一个巨大的胜利，也是一个更为艰巨的挑战，意味着这项巨大而艰苦的工程现在完全需要依靠中国人自己的力量来完成了。第一个挑战，就是要尽快撰写FAST工程可行性研究报告。之前已经初步勘验过的台址，也就是大窝凼，必须重新进行更深入的勘验，从凼底到凼顶都必须一处处进行打孔和深钻，设备所需的柴油机、柴油桶都需要当地农民兄弟们人工抬到对应的位置。为了方便工程勘验，项目组直接在凼底修建了两顶可以住二三十人的大帐篷，工作的艰辛可见一斑。

与此同时，大窝凼所在的贵州省平塘县也加大了支持力度。2007年，平塘县成立了"中国天眼"项目建设工作领导小组，先后派出数百名干部参与FAST核心区域的居民搬迁、土地征收、基础设施建设等工作。作为一个经济欠发达的县，平塘县在财政状况非常困难的情况下，投入了大量的人力和财力。特别是在居民搬迁和安置工作当中，平塘县政府和人民群众作出了巨大的贡献。

2008年10月，国家发改委正式批复了FAST工程可行性研究报告。12月26日，中科院和贵州省人民政府在大窝凼共同举行了FAST工程的奠基典礼，南仁东在奠基石上写了一副对联："北筑鸟巢迎圣火，南修窝凼落星辰。"

FAST工程的建设从来都不是一帆风顺的，而南仁东则以他一如既往的渊博和钻研，带领团队一次次地攻克难题。

在工程建设伊始,索网的问题就摆在了团队面前。索网是FAST工程的一项关键技术,用来支撑射电望远镜的主体结构,当时就有采用硬支撑还是柔性支撑的争议。硬支撑需要几千根柱子,投资巨大。相比较而言,柔性支撑可以使FAST的反射面能够依靠索网的柔性伸缩调整,在巡视宇宙中实现对于观测对象的对焦、定位和跟踪,可以实现更高的性能,但是对于技术和材料的要求更高,具有很大的风险。在团队内部的担心和质疑下,南仁东坚定地说,"就采用柔性支撑!"

南仁东的坚持和"独断"很快就遇到了挑战。由于这样的索网要求既要有弹性,又要有超强的抗疲劳性,当时钢索的抗疲劳度普通标准是250兆帕,而根据FAST工程的设计标准,索网的抗疲劳度指标应该达到360兆帕甚至更高,当时世界上还没有能制造出高于360兆帕的抗疲劳钢索的先例,很多专家当时就质疑了这一性能指标实现的可能性。而此时FAST工程的各项工作都已经紧锣密鼓地开展起来了,一旦索网问题解决不了,所有的努力都有可能付诸东流,FAST工程又遇到了发展瓶颈。

碰到问题的南仁东再次投入钻研之中,而这一次的索网领域事实上距离他的专业领域已经非常远了。但正如南仁东的助手说的那样,"他不会说外行的话"。经过技术指标的修订,柔性支撑的方案没有改变,抗疲劳的技术标准反而提高到了500兆帕。南仁东果断提出,既然没有现成的材料,那就从基础材料研究做起,自己造一种材料。他找到几家做材料试验的企业,请他们帮忙做材料的抗疲劳试验,他们先找到了能达到550兆帕的基础材料,然后不断进行抗疲劳测

南仁东:铸就国之重器 一生仰望星空

177

试,以期能实现 200 万次的抗疲劳试验。经过多家单位的联合攻关,上百次的失败,近两年的试验,最终,到了 2011 年下半年,南仁东团队终于研发出了一种钢绞线的成品索,改变了从前钢索材料刚性太大的问题,使柔性指标得以实现。而这一难题的攻克,是在 FAST 工程的建设现场完成的。

这就是南仁东的科学家精神,在整个 FAST 工程的建设过程当中,在很多他不熟悉的领域,他从外行做成了专家。正如 FAST 项目办公室主任张蜀新所说:"南仁东会颠覆你对专家的认识。他非常渊博。没有这渊博,做不出天眼。没有他那性格,也做不了天眼。这个望远镜就是为他而生的。因为有他,所以有它。"

2011 年 3 月,FAST 工程正式开工,来自全国 200 多家企业、大专院校、研究所的 5 000 多人直接参与到这一巨大的工程当中。事实上,FAST 工程的经费仍然非常紧张,开工一年之后,工地上才有了用锅炉供水的公共浴室,条件非常艰苦。但是南仁东和他的科研人员们却一直坚守在工地上,一边与工人们同吃同住,一边给大家描绘着 FAST 工程的宏伟蓝图。大多数的合作单位都是国内顶尖的科研和生产单位,事实上并没有从这一项目当中获取多少利益,但是这一项目却吸引了众多单位的积极参与,不仅因为该项目的创新性、前沿性和挑战性,也因为每一家单位都真的想为这一国之重器的铸造作一些贡献。

2012 年,FAST 台址开挖与边坡治理工程通过验收。独一无二的天然喀斯特巨型洼地,即平塘县的大窝凼,成为全球最大的射电望远镜最为稳妥可靠的台址。这也是 FAST

工程的最大创新之一,而这个台址的勘查凝结着南仁东十多年来无数的心血。

2013 年 12 月 31 日,FAST 工程圈梁合龙。整个球面反射面相当于 30 个足球场大小,其中从底部到顶部的垂直高度达到了 138 米,蔚为壮观。合龙那天,68 岁的南仁东穿着工装,戴着安全帽,第一个走到高高的圈梁上,迎着风跑了整整一圈。

2014 年,FAST 馈源支撑塔制造和安装工程通过验收。

2015 年 2 月 4 日上午,FAST 工程最后一根钢索安装完毕,索网工程正式完工。作为目前世界上跨度最大、精度最高、抗疲劳性能最强的索网结构,也是世界上第一个采用变位工作方式的索网体系,FAST 工程索网共有 6 670 根主索、2 225 个主索节点,总重量 1 300 余吨,形成了 12 项自主创新性的专利成果,7 项发明专利,攻克了一个世界级的工程难题,也支撑了数千个可以主动变形的反射面。

2015 年 11 月 21 日,FAST 工程的馈源舱成功升起。作为 FAST 的"心脏",馈源系统是接收和回传信号最核心的部件,而相对于美国 350 米口径的阿雷西博望远镜近千吨的重量,FAST 工程的馈源舱仅有 30 吨,这是中国在这一领域的又一项尖端的科技创新。

2016 年 7 月 3 日,500 米口径望远镜的最后一块反射面板安装完毕,这意味着 FAST 系统主体工程正式完工。同年 9 月 25 日,FAST 正式宣布启用。

南仁东参加了 9 月 25 日的 FAST 工程落成典礼,但是此时的他已经病情危重。2017 年 1 月 25 日,在生命的最后一年,南仁东拖着病体走上了中央电视台《2016 科技盛典——CCTV 科技创新人物颁奖盛典》的现场,对 4 000 多万贵州的父老乡亲,还有所有帮助过 FAST 的人,连说了两声"谢谢"。

2017 年 8 月,72 岁的南仁东成为当年中国科学院院士评选当中年龄最大的候选人。但是此时他已经病危。

2017 年 9 月 15 日,北京时间 23 点 23 分,南仁东去世。他生前留下遗嘱:丧事从简,不举行追悼会。

2018 年 10 月 15 日,中国科学院国家天文台宣布,经国际天文学联合会小天体命名委员会批准,国际永久编号为"79694"的小行星被命名为"南仁东星"。

在 2019 年的新年贺词中,国家主席习近平说:"此时此刻,我特别要提到一些闪亮的名字。今天,天上多了一颗'南仁东星'。"

曾经有人问过南仁东的助手张海燕,南仁东到底是一个什么样的人,她回答说:"感觉他就是一个仰望星空、脚踏实地的人。"

"仰望星空、脚踏实地"这八个字高度概括了南仁东的特质。正是怀着对天文事业的热爱,南仁东数十年扎根于射电天文领域;而心怀对祖国的深切情感,南仁东自力更生,艰苦创新,锲而不舍,克服了众多的现实困难,带领团队最终铸造了真正的国之重器。FAST 作为中国自主创新的伟大工程,屹立在国际射电天文之巅,而它的缔造者南仁东,也成为人民心中真正的"时代楷模"。

◈ 参考文献 ◈

［1］王宏甲. 中国天眼：南仁东传［M］. 北京：北京联合出版公司，2019.

［2］吴月辉，喻思南. 他把目光投向外太空——追记中国天眼首席科学家、总工程师南仁东［N］. 人民日报，2017 - 09 - 28.

［3］南仁东：为"中国天眼"而生［EB/OL］.（2019 - 01 - 11）［2022 - 02 - 20］. https：//www. kepuchina. cn/person/jcrs/201901/t20190111- 918919. shtml.

［4］踏过平庸，一生为中国"天眼"燃尽——追记"时代楷模"南仁东［EB/ OL］.（2017 - 11 - 18）［2019 - 12 - 20］. http：//www. xinhuanet. com/politics/ldzt/2017zynrd/index. htm.

［5］张天南. "天眼"为证［N］. 解放军报，2017 - 12 - 01(10).

［6］中国"天眼"筑梦人——忆 FAST 工程首席科学家、总工程师南仁东 ［J］. 空间科学学报，2017，37(06)：779.

南仁东：铸就国之重器 一生仰望星空

顾方舟：

顾国舍家献防疫　以"糖"为舟护童康

　　顾方舟，我国著名的病毒学家，脊髓灰质炎糖丸活疫苗的发明者，"人民科学家"国家荣誉称号获得者。他幼年丧父，少小离乡，与母亲相依为命；他艰苦求学，在少年时代饱尝苦难艰辛；他曾求学北大，秘密加入中国共产党，从此致力于我国公共卫生事业；他曾是新中国首批留苏学生，立志病毒学研究，学成回国后与脊灰"结缘"；他曾带领全家老幼扎根祖国西南边疆，率领团队从无到有，创建中国医学科学院医学生物学研究所……他一生只为一事，把毕生才华奉献给我国的公共卫生防疫事业，终使我国于2000年进入无脊灰国家行列。

　　2000年，在消灭脊髓灰质炎证实报告会的签字仪式上，一位时年74岁高龄的老者郑重地在文件上签下自己的名字，从此，我国正式成为无脊髓灰质炎国家。2019年9月17日，国家主席习近平授予这位已经于同年1月份离世的老者"人民科学家"国家荣誉称号。这位老者就是为防治脊髓灰质炎作出重要贡献的顾方舟先生。顾方舟心系家国，年轻时毅然接受攻克脊髓灰质炎的光荣使命。他不迷信国外,根据我国国情,制定了走减毒活疫苗的免疫路线。他带领团队,力克时艰,为中国和世界的脊髓灰质炎的防治工作奉献一生,打造了儿童健康的生命方舟!

童年丧父,医学"家传"

顾方舟于 1926 年 6 月在上海出生,祖籍宁波鄞州。父亲顾国光毕业于东吴大学,在海关工作,经常往来于天津和宁波两地,收入丰厚,一个人的工资足以养活全家。

1930 年,顾国光在天津海关上船检查货物时,不幸感染了黑热病。黑热病是一种寄生虫病,通过白蛉传播,在 14 世纪曾肆虐欧洲,导致当时欧洲三分之一的人口死亡。在当时的中国,黑热病是十分凶险的流行性疾病,死亡率极高。

顾国光染病后就在天津住院治疗,但由于当时医疗水平有限,在被疾病折磨了数月后不幸去世。顾国光的离世使顾家家道中落。顾夫人周瑶琴接过家庭重担,抚养顾方乔、顾方舟、顾方奎、顾国梁四个孩子。由于周瑶琴收入微薄,1932年,她毅然决定去杭州学习助产术,把顾方舟兄弟四人留在宁波,托付给外婆照看。

父亲早逝,母亲被迫外出求学,以期学成后能够养家糊口,顾方舟兄弟四人的童年可谓不幸。好在外婆抚养孩子尽心尽力,虽然老人家自己吃了很多苦,但孩子们也算衣食无虞。顾方舟与母亲分离的童年生活,就这样平淡地过了两年。

1934年,周瑶琴学成归来,一家人终于团聚。在顾国光海关旧友的帮助下,周瑶琴带着顾方舟兄弟四人来到天津打拼,她也如愿以偿在天津开业,注册成为一名助产士。

宁波人有一个优良传统,就是十分团结、互帮互助。周瑶琴一人带着孩子们在天津,亦免不了宁波老乡们的襄助。在老乡们的援助下,周瑶琴也算在天津站住了脚。

周瑶琴虽然在天津开了业,但店面毕竟在租界区,仰人鼻息的日子总也少不了。加之助产士这个职业,只能帮助产妇生产,如遇到难产、大出血等特殊情况,必须求助于医生。或许四处求人的日子太难过了,在周瑶琴的心目中,只有当了医生才能不有求于人,亦或许是因为家庭的变故,使得她深深地体会到了学医的重要性。她经常教育孩子们,长大一定要当医生,"当了医生,我们就不用去求别人了!"

家庭的变故、外婆和母亲的辛劳、社会的黑暗、官府的腐败、洋人的嚣张,一幕幕场景都在刺痛着童年顾方舟的心,也使他心里渐渐地萌生出长大学医的念头。

青葱岁月,求学北大

1944年,顾方舟以优异的成绩如愿地考上了北京大学医学院。当时尚处沙滩的北大,还是一所沦陷区的大学,北大青年学子们充满发自内心的蓬勃朝气和报国热情。

顾方舟回忆说:"北大给我的教育,除了医学以外,更多地给了我一些党的教育,我们一些志同道合、'臭味相投'的同学凑在一块儿就是谈这些事。"

在北大期间,对顾方舟影响最大的当属严镜清教授。严先生是顾方舟的宁波老乡,在北大教公共卫生课。在严先生的影响下,顾方舟了解到中国公共卫生事业落后,每年因卫生状况糟糕和各种传染病死亡的老百姓数不胜数。顾方舟认为,要想解救困苦中的老百姓,就必须要从事公共卫生事业。他从此下定决心要走公共卫生的道路。

1945年,也就是顾方舟求学北大的第二年,中国人民结束长达14年的抗战,日本宣布无条件投降。然而,抗日战争的胜利并不代表中国国内革命的胜利,中国半殖民地半封建社会的性质并没有得到根本改变,广大劳动人民依然生活困苦。这些社会现实情况,让顾方舟和他的北大同学们对国民党当局大失所望。在内战期间,顾方舟和同学一起参加了各种进步的学生爱国运动和学生社团,反对国民党当局的独裁专制和暴力镇压。也正是在此期间,他结识了陪伴他一生的爱人李以莞。在爱国热情和进步思想的不断影响下,1948年10月,顾方舟经北平地下党组织培养发展,正式成为一名光荣的中国共产党员。1949年1月,北平和平解放。10月,中华人民共和国成立,顾方舟和他的同学一起参加了开国大典和庆祝游行。顾方舟大展事业宏图的机会终于到来了!

励志公卫,留学苏联

1950年,在大学毕业面临分配之际,顾方舟毅然决定要从事公共卫生事业的研究,放弃了收入丰厚的医生职业。他认为,即便医术再高明的医生,救治的病人也是有限的,但如果从事公共卫生防疫事业,制成安全可靠的疫苗,就能使全体人民受益! 这是他人生的一个重要决定,他在晚年回忆时说:"我觉得最好的最值得自己骄傲的,就是选择了公共卫生,选择了公共卫生的疾病预防,而且贡献了自己的一些力量。"

同年 7 月,顾方舟被分配到大连卫生研究所,跟随苏联援华专家葛洛·毕兹夫人从事痢疾噬菌体的研究工作。过了不到一个月,一个惊喜便降临在顾方舟身上。原来,为了全面深入地学习苏联社会主义建设经验和先进的科学技术,中央决定派遣留学生到苏联学习。顾方舟就在第一批 375 名经过精挑细选的留苏学生之列。

在赴苏联留学前,周恩来总理专门设宴为第一批留苏学生践行。席间,周总理把全国人民的殷切期望总结为 16 个字:责任重大、任务艰巨、努力学习、为国争光。周总理亲切的问候、殷切的期望,都让顾方舟和他的同学们感到身上责任重大。那个时候,国家给这批留学生们配备了全套装备,棉大衣、西装、衬衣、毛衣、睡衣等应有尽有,每月还提供 800 卢布的生活费。当时国民经济十分困难,朝鲜战场仍然战火纷飞。顾方舟回忆,每一个留学生配给的装备,相当于 60 个农民一年的收入!"周总理的讲话也给大家很大的鼓励。大家憋足了劲,出国以后要好好学习,不辜负党和人民对自己的这种恩情、这种鼓励、这种希望。"

顾方舟到了苏联后,除了适应当地饮食和风土人情外,首先就是攻克语言关。为了学好俄语,他和同学们下苦功夫,每天都要花大量时间背单词,老师讲课时听不懂的内容就记下来,下课再翻字典一点点琢磨。就这样,经过一年的努力,他俄语考过了,终于攻克了语言关。

随后,顾方舟进入苏联医学科学院病毒研究所攻读研究生学位,跟随导师丘马可夫(Chumakov)教授开展乙型脑炎的研究工作。所谓乙型脑炎,也叫日本脑炎,是一种由蚊虫传播的传染病,有较高的致残率和死亡率,当时在中国也较为流行。顾方舟学习十分刻苦,经过四年的艰苦研究,1955年夏,他以论文《日本脑炎的发病机理和免疫机理》获得了苏联医学科学院副博士学位,完满地结束了他在苏联的求学生涯。同年9月,他回到了阔别四年的祖国,也回到了朝思暮想的妻子和母亲身边。随后,他被分配到北京昌平的卫生部微生物流行病学研究所,担任脑炎室副主任,继续从事乙脑的研究工作,全家也从大连搬到了北京。

结缘"脊灰",迎接挑战

20世纪50年代,一种可怕的流行病席卷神州大地。1955年,江苏南通全市有1 680人突然瘫痪,大部分患者是儿童,病死率高达27.75%。随后,青岛、济宁、上海、南宁也相继暴发这一怪病,发病率高于30/100 000。经调查研究确认,这一怪病就是小儿麻痹症,学名"脊髓灰质炎",俗称"脊灰"。

在那个年代,预防和治疗脊灰可谓世界级难题。儿童一旦感染脊灰病毒并发病,轻则瘫痪,重则死亡,几乎没有治愈的可能,只能通过研发疫苗来预防。1953年,美国科学家乔纳斯·索尔克(Jonas Salk)在实验室中成功培养出脊灰毒株,把病毒杀死后制成了疫苗,临床证实这种灭活疫苗(也称"死疫苗")可以在儿童体内产生相应抗体,使儿童免于患病。经美国食品与药品监督管理局(FDA)批准上市后,1954 年美国已有 200 万儿童接种该疫苗,免疫有效率为 80%～90%。

当时的中国尚未掌握脊灰疫苗的研发和生产工艺,为了应对疫情,1957 年,中国人民解放军军事医学科学院邀请苏联病毒学家索柯洛夫(Cokolob)来华开办脊灰病毒培训班,指导中国的脊灰研究和防治工作。顾方舟在苏联留学时就与索柯洛夫相熟,这次来华,索柯洛夫点名顾方舟当他的助手。有鉴于此,组织上决定让顾方舟从事脊灰病毒研究和防治工作。当时的卫生部副部长崔义田找到顾方舟,让他一辈子从事脊灰的研究和防治工作。顾方舟二话不说,当即答应下来:"好,领导既然交给我这个任务,我就努力干!"

如此一来,顾方舟就被借调到上海,专门从事有关脊灰病毒的研究和防治工作。这项拯救黎民苍生的艰巨任务,从此就压在了顾方舟的肩上。

经过艰难攻关,1958 年,顾方舟团队首次分离出脊灰病毒,明确了脊灰病毒共分Ⅰ、Ⅱ、Ⅲ三个血清型,其中以Ⅰ型最为普遍。这意味着顾方舟团队在国内第一次从病原学的角度建立了脊灰病毒的分离与定型方法,证实了流行于上海等地的流行病是由脊髓灰质炎病毒引起的,踏出了消灭脊灰万里长征的关键一步。

再赴苏联,路线抉择

对脊灰病毒的病原学把握并不意味着能够有效防止病毒在人群中传播。要想防治脊灰,就必须开发出有效的疫苗,使儿童的体内产生抗体,从而起到预防的效果。但在当时,我国疫苗生产工艺落后,尚无能力制备脊灰疫苗。为了学习考察脊灰疫苗的生产工艺,1959年3月,受中国医学科学院委派,顾方舟带队率领董德祥、闻仲权、蒋竞武一同赴苏联考察学习脊灰疫苗的生产工艺。

此时的中苏关系已大不如前,顾方舟一行所遇到的困难要比他当初留学时要大得多。到达苏联后,他们被安排到俄罗斯联邦疫苗与血清研究所学习脊灰灭活疫苗的生产工艺。脊灰灭活疫苗,也就是通常俗称的"死疫苗",由美国的索尔克研发出来后,在美国和欧洲都已开始使用,苏联也掌握了这种死疫苗的生产工艺并已投产使用。顾方舟一边忙于有关疫苗研发和生产的资料收集,一边考察疫苗生产的实际情况。功夫不负有心人,顾方舟了解到,脊灰灭活疫苗的生产工艺十分复杂,必须首先在猴肾细胞上培养足够多的病毒,然后用福尔马林杀死,再经过一系列处理才能生产出来。因此,脊灰灭活疫苗一般造价高昂,大批量生产也较为困难。如果儿童要接种脊灰灭活疫苗,一般需要注射三次,每次注射费用高达5美元。这样的价格,美、苏等国尚可承受,但对于发展刚刚起步且人口众多的中国来说,却是一笔无法承受的巨大开支!

　　除此之外，当时的中国也不具备生产这种死疫苗的能力。生产疫苗所需的"199培养液"，里面含有几十种氨基酸和小胎牛的血清等，工艺烦琐、造价高昂，国内尚无生产能力，必须全部依赖进口。如果不惜代价生产这种死疫苗，不仅经济上花费甚巨，而且维护中国人民健康的主动权也无法掌握在自己手中。

　　顾方舟心里十分明白，即便他们一行四人在苏联掌握了全套死疫苗的生产工艺，回到国内也无法立即大规模批量生产；即便国内有大规模生产这种疫苗的能力，但中国的国力无法承担疫苗巨额的花费，老百姓根本用不起。

　　难道研发脊灰疫苗只有这一条路可以走吗？科学研发并不是"自古华山一条路"，只要方法得当，肯下功夫刻苦钻研，往往也能"独辟蹊径"。

　　顾方舟很快通过他研究生时期的苏联同学了解到，除了研发死疫苗这一条技术路线以外，实际上还有一条活疫苗的技术路线。这条路线是由美国的艾伯特·布鲁斯·赛宾（Albert Bruce Sabin）教授领衔的，用了9 000只猴子和150只猩猩进行医学研究，成功制成了脊灰减毒活疫苗。所谓活疫苗，是相对于死疫苗（即灭活疫苗）来说的，就是把病毒提取出来后，经过一系列处理，不把病毒杀死，而是让其毒性减弱到人体可接受的范围之内，制成疫苗后，注射进人体，人体就相应产生抗体，起到免疫疾病的效果。

　　活疫苗的显著优点就是成本较死疫苗来说非常低，生产工艺并不复杂，能够很快投入大规模生产。但从安全性的角度来讲，使用脊灰减毒活疫苗仍然存在风险，病毒一旦发生变异,毒性"返祖",不仅起不到免疫效果,反而还会传播疾病。所以,赛宾教授减毒活疫苗的科研成果一直饱受争议。基于安全性风险,美国食品与药品监督管理局也不批准这种疫苗进入临床试验,这无疑宣判了赛宾活疫苗的"死刑"。

好在办法总比困难多,赛宾急中生智,把他的活疫苗免费送给世界各地的脊灰疫苗实验室,让其他国家科研人员来验证疫苗的安全性。赛宾和顾方舟的苏联导师丘马可夫签订了合作协议,共同研究开发活疫苗。

顾方舟了解到这个情况后,应邀参加了在莫斯科召开的脊髓灰质炎免疫问题会议。在那次会议上,死疫苗派和活疫苗派争论不休。当时世界上大多数国家由于担心活疫苗的安全性,都没有采用活疫苗的技术路线,世界上也没有大规模运用减毒活疫苗有效控制疫情的先例。面对这种情况,顾方舟仔细对比了两种技术路线各自的优劣,根据自己的专业知识和对我国国情的把握,认为我国只能走减毒活疫苗的技术路线。

导师丘马可夫十分支持顾方舟的思路。于是,在导师的帮助下,顾方舟终于获得了一批苏联生产的活疫苗和赛宾原始的活疫苗。当时虽然中苏关系恶化,但并没有影响到丘马可夫和顾方舟的师生情谊。由于疫苗储存有周期,顾方舟连忙带着活疫苗样品赶回国内做了汇报,卫生部最后决定中国应该走活疫苗的技术路线。正如顾方舟所说:"所以学习国外的东西,不能他们怎么样,我们就怎么样,因为国情完全不一样,要学习它最精华的部分,变成我们自己的。"

以身试毒，拿子试药

顾方舟把活疫苗样品带回国后，1959 年 10 月，由他牵头当组长，组织北京生物制品研究所、成都生物制品研究所的相关技术骨干组成协作组，共同进行赛宾型脊灰减毒活疫苗的试生产工作。这批疫苗生产出来后，需要经过严格的、多达 20 多项的检定标准，比如对活疫苗毒力的检定就异常严格。全部检定程序都通过之后，才能够进入关键的临床试验阶段。所谓临床试验，不再是用动物做试验，而是把经过检定的疫苗用在人身上，以检验疫苗在临床是否能起到免疫的作用。

顾方舟和同事们决定，他们自己先试服，验证疫苗对人体是否有害。顾方舟和同事们对自己努力研制的疫苗有充分信心，为国无私奉献的大爱精神也使他们很快地作出了这个决定。一周之后，大家都没什么不良反应，说明疫苗对成人安全，但对小孩呢？第一期临床试验还需要找 10 个不满 7 岁的孩子进行口服试验，但谁又愿意把自己的孩子"交"出来让人做试验呢？此时顾方舟的儿子小东还不满一岁，符合条件，顾方舟就决定让自己的孩子口服疫苗。在他的带动下，实验室同事们的五六个孩子也都参与进来。顾方舟觉得，作为组长，如果自己不带头，拿其他同事的孩子做临床，这不仗义。为此，他一直瞒着妻子，怕妻子担心。他之所以敢于拿自己的儿子做试验，并不是因为他无情，而是他作为疫苗的研发者对疫苗的安全性有充分的信心。但是作为父亲，哪有不心疼自己孩子的？万一疫苗出现问题,他怎么向妻子交代？又怎么向同事及其家属交代？这样的心理压力,他只能自己一个人默默承受。经过对服用疫苗的 10 个孩子一个月的观察,没有一个出现不良症状,第一期临床试验安全通过了,顾方舟一颗悬着的心才放下!

最关键的是第三期临床试验。1960 年,顾方舟团队试生产了 500 万人份脊灰活疫苗,通过各地防疫部门,给北京、上海、天津、青岛、沈阳等 11 座城市中共计 500 万名儿童进行试服,开启了第三期临床试验。

经过近一年的密切观测,流行病学数据显示,流行季节(7~9 月)的发病率显著降低,疾病的季节性变化不再明显,北京、上海、天津和青岛等城市的脊灰流行高峰基本消失,取得了非常好的流行病学效果。顾方舟团队所研制的脊灰活疫苗初告成功。顾方舟也因为这项突出成绩,被评为 1960 年度北京市先进生产者。

但是,中国的适龄儿童何止 500 万? 每年新出生人口在 1000 万以上,算上 7 岁以下应该接受脊灰疫苗免疫的人口就上亿,如何多快好省、大规模地生产安全疫苗,是压在顾方舟肩上的头等大事。

在卫生部党组织的决定和安排下,顾方舟把眼光转向祖国的西南边疆,他要到祖国最需要的地方去,在新的环境下白手起家,干出一番大作为!

扎根西南，举家迁滇

早在1958年，顾方舟就陪同中国医学科学院沈其震副院长到云南昆明考察，选定离昆明市区二十多公里的玉案山花红洞一带作为脊灰疫苗生产基地和实验用猕猴繁育基地。那个时候，玉案山一带还是荒山野岭，没水没电，山下只有一处傣族同胞聚居的小村落。

1959年1月，卫生部批准在玉案山筹建中国医学科学院医学生物学研究所，并正式成立了筹备处。顾方舟随即开展了昆明所的筹备工作。那个时候，正好赶上三年困难时期，粮食歉收，国家经济十分困难，物资极度匮乏；加之中苏交恶，苏联撤走了所有援华专家，带走了全部图纸，原先作为中苏合作项目的医学生物学研究所只能白手起家，自力更生，一切从头干起。当时大到建筑材料，小到实验设备，一切都要从北京和上海运过来，交通非常不便。由于要在山上建房子，没有路，顾方舟就率领大家修路；物资缺乏，顾方舟就协调各方关系向研究所调运物资和设备……就这样，经过9个月的咬牙坚持，他们终于建成了19幢楼房，总面积达到13 700平方米的疫苗生产基地。

就是在这样艰苦的条件下，顾方舟带领大家攻坚克难，发表了多篇学术论文，并于1961年出版了由他主编的《脊髓灰质炎活疫苗研究资料汇编》一书，里面几乎囊括了国内外对脊髓灰质炎的全部研究。在此期间，他还利用在苏联学习到的管理知识和管理经验，制定了一系列的实验室操作章程、疫苗检定标准等规章,从制度层面确立了脊灰疫苗科学研究的规范化,直接与国际接轨。他参与起草的《脊髓灰质炎口服活疫苗制造及检定暂行规程》《脊髓灰质炎口服活疫苗制造及检定操作细则》等都经卫生部审核并批准执行。这些规章制度,为我国后续 20 多年的疫苗生产检定工作奠定了扎实的基础。

1964 年,顾方舟被任命为昆明医学生物学研究所副所长,开始总体负责疫苗的生产工作。他上任后面临的头等困难,就是无法吸引大批量的优质人才来滇。面对这样的局面,他又主动带头,说服自己的妻子,把一家人的户口和人事关系从北京调到昆明,让妻子带着孩子和母亲,一家人搬来昆明扎根。据职工龚春梅回忆,顾方舟全家迁滇,在所里影响很大,"他爱人本身就是搞业务工作的,她可以留在北京,他的母亲也都可以留在北京……他首先把家属都迁过来,所以后来有一些领导也把他们的家属都迁过来了,榜样的力量是无穷的"。从此,顾方舟决心扎根大西南,为脊灰事业奉献一辈子。

"因地制宜",发明糖丸

1960 年试生产的 500 万人份脊灰活疫苗分发给全国 11 个城市的儿童服用,取得了良好的流行病学效果,这是我国第一次大规模的应用,受到了各地家长的热烈欢迎。疫苗 93%的防疫率意味着脊灰活疫苗生产应用初战告捷。

但这样的成绩并没有让顾方舟和他的同事们高枕无忧。

因为疫苗的运输和储存需要非常严格的冷冻条件,大城市交通便利,防疫站有冰箱或制冷设备,能够很好地保存疫苗,市民带着孩子去防疫站打疫苗也不是什么难事,但是在中小城市和广大农村地区,没有这样的条件,基层防疫人员如果要挨家挨户送疫苗上门就必须解决交通问题和制冷设备不足的问题。此外,脊灰疫苗是液态的,如果直接让孩子口服,味道不好,他们会抗拒;家长往往把疫苗倒在馒头或饼干上,再让孩子吞食,但这样的方式容易导致浪费,有些顽皮的孩子会趁家长不注意把沾着疫苗的馒头或饼干掰下来扔掉。

面对这样的情况,要如何解决呢? 中国幅员辽阔,但道路交通建设和公共卫生服务设施落后,这是客观现实,短时间内很难改变。顾方舟沉思片刻,认为应该从改良疫苗本身着手。

一天,顾方舟在家里逗三岁的儿子小东玩,他随手拿起桌上的糖果在儿子面前晃了晃,儿子急迫地伸出手想要糖果吃,那样子真是可爱极了! 这样的情景激发了顾方舟的灵感,"对啊,小孩爱吃糖,如果把疫苗改造成固体的糖丸,既能够解决液态疫苗不便运输和保存的难题,小孩还爱吃,岂不一举两得?"想到这里,顾方舟兴奋极了,他立即联系同事们,就这个方案让他们进行可行性论证和实验,这便开始了疫苗剂型改革的实验研究。经过顾方舟团队一年多的努力,1962年,脊灰糖丸活疫苗正式问世,这是全球第一个脊髓灰质炎糖丸减毒活疫苗!

糖丸疫苗一经问世,就受到了广大群众的热烈欢迎,而且糖丸疫苗即便在常温条件下也能够存放多日,在家用冰箱中可以保存两个月，这样就大大方便了运输和向全国全面推广。

防疫策略，"土法"推广

顾方舟认为，如果要阻止脊灰病毒野毒株的传播，就必须在一个特定的时间内，以乡、镇、县为单位，使疫苗接种人群口服率不低于95％，这样才能够在人群中形成一个免疫屏障，脊灰病毒野毒株就失去了传播路径，脊灰也就能够渐渐地被消灭了。

但做到这一步在那个年代谈何容易！顾方舟团队虽然发明了糖丸疫苗，相较于以前，运输和服用都方便了很多，但糖丸毕竟是疫苗，如果稍微一受高温，就可能失去效果。我国广大农村地区道路交通闭塞。在山区，基层防疫人员从一户人家跑到另一户人家，往往就要翻过一座大山。在此期间，如果疫苗无法得到很好的保存，就白白浪费了。

面对这样的情况，顾方舟"因地制宜"，想到了一个"土法子"。他看到日常生活中卖冰棍的人往往把冰棍放在广口暖瓶里，瓶里放着冰，然后再用棉被盖住，这样就能够隔绝热空气流入，起到制冷的效果。于是，顾方舟团队建议，在制冷设备缺乏的情况下，可以把疫苗用广口暖瓶装起来，里面放上足够的冰块，这样防疫人员一家家送，就再也不怕疫苗受高温影响而失效了。

由于脊灰病毒有 I、II、III 这三个血清型，针对每个型号的病毒都要服用相应的疫苗，适龄人群往往要接受三次免疫,这无疑增加了基层防疫人员的工作量。面对这种局面,顾方舟带领团队改进糖丸,把三种型号的脊灰疫苗按照比例调配成三价糖丸,这样只要服用一次糖丸就能够起到免疫的效果,基层防疫人员也不用跑好几趟了。

就这样,在顾方舟团队的发明和改造之下,脊髓灰质炎糖丸活疫苗得以迅速在全国推广,脊灰发病率明显下降。1959 年,脊灰年平均发病率为 5.03/100 000;1971 年,下降为 2.12/100 000,较 1959 年下降了 57.9%;1976 年为 0.5/100 000,又比 1971 年下降了 76.4%!

培养人才,"三严"学风

要把科研搞好,就必须重视人才的培养。不论是在昆明期间,还是从昆明调回北京,顾方舟都一如既往地狠抓人才培养工作,为我国公共卫生事业培养了大批技术骨干和管理人才。在顾方舟看来,科研机构管理者要有发现人才的眼光和容人的雅量。他认为,要给青年科技人才充足的时间,不要急于求成。科研是探索性的工作,没有长时间的积淀是拿不出像样的成果的。而且,更重要的是要允许年轻人失败,"只要他的思路对头、方法对头,失败了不要紧,失败了再继续做"。

在昆明期间,顾方舟非常重视培养年轻的技术骨干。他定期分批派遣所里的技术人才去北京进修,还不断请北京的专家来昆明讲课。他要求各小组负责人每周都要做文献报告,刚毕业的学员们不知道怎么做文献报告,他就手把手地教。

1970年,一群青年知识分子被分配到生物所进行"劳动改造"。当时顾方舟已经受到冲击"靠边站"了,但他仍然对所里的同事们讲,生物所现在最缺的就是人才,应该重视这几个远道而来的大学生,关心他们、培养他们,要解决他们的后顾之忧,争取指标,把他们的妻儿也都接过来。在他的努力下,这批大学生的妻儿也都被接到昆明。

1978年,顾方舟出任协和医科大学副校长,更加重视人才培养工作。他一方面抓本科生教育,实行本科教育八年制,目的是要培养出一批多读书、多实践的精英人才;另一方面重视研究生教育,重点培养研究生提出问题和解决问题的能力,重视培养研究生的具体操作能力。他认为,"我们协和医科大学或者医学科学院,主要的任务就是培养人才,当然出科研成果也很重要,在培养人才的过程中,同时就会出成果了。所以必须要经过严格的训练,不能马马虎虎抄了别人的就蒙混过关,那不行,发现的话就要被开除"。在顾方舟的领导下,协和医科大学践行"严格、严谨、严密"的"三严"学风。

病例"零增长",实现无脊灰

1978年,在顾方舟的参与和制定之下,我国开始实行计划免疫政策。计划免疫实行后,脊灰病例大幅下降。到1983年,全国报告病例3 296例,发病率为0.3/100 000,1988年仅有667例病例。1990年,全国消灭脊髓灰质炎规划实施,在中央和地方的密切配合之下,动员社会各界力量,通过加强计划免疫,取得十分显著的效果。1994 年 9 月,继湖北襄阳发现最后一例患者后,迄今没有发现由本土野病毒引起的脊灰病例!

顾方舟带领团队克服常人难以想象的困难,终于发明出符合中国国情的脊灰糖丸活疫苗,不仅使中国科学院医学生物学研究所在祖国偏僻的西南边疆的荒山上建立起来,而且也使研究所形成基础研究、应用研究与产业化三位一体的发展模式,年产值上亿元。据统计,从 1960 年到 2006 年,生物医学研究所向国家提供了 50 亿人份的脊灰活疫苗,直接造福上亿儿童,为中国在 2000 年阻断脊灰本土野毒株的传播立下了赫赫战功,终于使中国进入无脊灰国家行列,走在了世界的前列,成为发展中国家成功消灭脊灰的先例!

消灭脊灰的中国经验和中国故事,是顾方舟和他的同事们经过 40 年,穷尽他们一辈子的努力才最终结出的善果。2000 年,在消灭脊髓灰质炎证实报告会的签字仪式上,时年 74 岁高龄的顾方舟郑重地在文件上签下自己的名字,从此我国正式成为无脊髓灰质炎国家。

关心国事,充满信心

顾方舟不仅是病毒学方面的专家,也是一位关心政治和世界时局变化的长者。他在接受采访时说:"我对政治非常关心,我觉得一天离开这个,自己就像生活在真空当中,这不行。我得知道国际的情况、形势,国内的情况、形势,我跟我老伴经常谈这些事情。"

他经常教育后学要明晓天下大势，不要迷信西方，要坚定地走适合自己国情的发展道路。他也提醒年轻人，要居安思危，不要因为中国现在比以前强大了，就开始骄傲自满、铺张浪费。他认为年轻人要树立正确的人生观和世界观，关键在教育。"我们入党以后，党组织一直教育我们，人不但不能自私，而且要大公无私，要把自己奉献出来，把你的一切奉献出来，为了周边的老百姓。"

晚年的顾方舟，对中国的未来非常有信心，对中国共产党非常有信心，认为我们中国正在走一条适合自己的发展道路。

◆ 参考文献 ◆

［1］顾方舟，口述，范瑞婷，访问整理. 一生一事：顾方舟口述史［M］.北京：商务印书馆，2018.
［2］徐源. 顾方舟传［M］.南京：江苏人民出版社，2016.

程开甲：

隐姓埋名铸核盾　惊天动地扬国威

　　程开甲，中国科学院院士，"两弹一星"功勋奖章获得者，"八一勋章"获得者，2013年国家最高科学技术奖获得者，著名理论物理学家。他是我国核武器事业的开拓者之一，中国核试验科学技术体系的创建者之一，曾任浙江大学、南京大学教授，第二机械工业部核武器研究所副所长，国防科工委核试验基地研究所副所长、所长及基地副司令员，国防科工委（总装备部）科技委正军职常委、顾问。2019年9月，获得"人民科学家"国家荣誉称号。

　　20世纪五六十年代，刚成立的新中国面对严峻的国际形势，为抵制帝国主义的武力威胁和核讹诈，维护国家安全和世界和平，党中央果断作出独立自主研发研制核弹、导弹和人造卫星的战略决策。在当时国际技术封锁，国家经济、技术基础薄弱，工作条件十分艰苦的情况下，大批优秀的科技工作者，包括很多在国外已经取得杰出成就的科学家，怀揣着对新中国的热爱，毅然响应党和国家的号召，自力更生，发奋图强，用较少的投入，在较短的时间内实现了从理论到试验的一系列尖端科技突破,取得了令世界瞩目的辉煌成就。

程开甲院士正是这些功勋卓著的人民科学家中具有代表性的一员。他早年赴英国求学,学成归国后投入"两弹一星"的事业中,作为核武器试验事业的创始人之一和科研测试的总体负责人,参与了新中国的核弹从研发到试验的全部过程。

立大志于苦难:动乱流亡中的成长求学之路

1918 年 8 月 3 日,程开甲出生于江苏吴江盛泽镇。程家先祖原居洛阳,后迁至安徽徽州。徽州自明清以来商业发达,经商蔚然成风,当地人重商尊商,以至"徽商"之名享誉海内,程家祖辈也由外出经商而起,逐渐流寓至吴江定居。

吴江文化与徽州有所不同,由于经济发达,自魏晋,特别自南宋定都杭州以来,大批文人南渡,知识分子云集,使得当地文化逐渐繁盛,书院比比皆是。当地人重文重仕,以科举取士作为光宗耀祖的第一选择,崇尚读书和做官。

在这样的背景下,程开甲的祖父程敬斋尽管生意有成,家产颇丰,但仍希望家中有人能考取功名,读书做官。由于程开甲的父亲程侍彤数次考试无果,祖父将希望寄托在了程家第三代身上,在孙子尚未出生时,便早早地取好了"开甲"之名。科举制度中,考中进士者分为一甲、二甲和三甲,取此名似寓意能开程家考中进士之先河。

但是遗憾的是,程侍彤的第一位太太洪氏一连生育了6 个女儿,无人可领"开甲"之名,因此,在祖父程敬斋的主持下,程侍彤娶了一位书生的女儿,这就是程开甲的母亲董云峰。

程开甲的童年并不幸运。1911 年,祖父程敬斋在辛亥革命后到上海租界做生意赔了一大笔钱,程家从此衰落,程敬斋也在程开甲出生前一天去世。1925 年,父亲程侍彤去世,之后,失去依靠的母亲也在程开甲 8 岁时无奈离开了程家。无人管教和缺乏关爱的童年使程开甲变得内向孤僻,上小学后更是常常逃学甚至离家出走,这种情况最终引起了程家的关注。为了保住程家的"独苗",程家人开始注重程开甲的教育和引导,他的成绩逐渐有了起色,顺利读完了高小。

1931 年,13 岁的程开甲考取了浙江嘉兴私立秀州中学,开始了 6 年的初中、高中学业。秀州中学创建于 20 世纪初,由美国基督教传教士和嘉兴当地士绅合作创办,素有"中西合璧"的基础教育特色,培养出了程开甲、陈省身、李政道等 11 位院士,在近代基础教育史上有着重要的地位。时任校长顾惠人非常重视人格教育和全面教育,学校多样的课程和丰富的校园文化生活,都给少年程开甲带来了深远的影响。在学校老师的教育和引导下,程开甲的数学和英语有了很大的进步。因为程开甲在秀州中学图书馆里读到许多名人传记,加上老师对学生们奇思妙想"再动动脑筋"的鼓励,他逐渐萌发了成为一名科学家的想法。

1937 年 9 月,即七七事变爆发两个月后,成绩优异的程开甲同时考上了浙江大学物理系和交通大学机械系。因为浙江大学的录取通知书上注明了"公费生",程开甲选择了浙江大学。

此时全面抗战已经开始,为了坚持办学,浙大师生开始了往大后方的辗转流亡之路。在程开甲求学的大学四年里,即1937年到1941年,浙江大学从杭州开始,辗转建德、吉安、泰和、宜山、遵义、湄潭等地。由于时局艰难,交通不便,师生们不仅要承受搬迁路途和短暂办学中艰苦的环境条件和日军不时的狂轰滥炸,同时还要克服困难,转移珍贵的图书资料和实验设备。

艰苦卓绝的流亡生活没有消磨师生们抗日救亡的热情和求真求实的决心。老师们从不放松对教学的严格要求,同学们也冒着时时可能被空袭的危险坚持学习,坚持做实验。

在这样的情形下,程开甲开始了在浙江大学物理系的学习。当时物理系的束星北、王淦昌教授,还有数学系的陈建功、苏步青教授都是从海外归来的,有着广阔的学术视野和执着的科学追求,他们的鼓励和引导以及对科学的热爱深深地影响了程开甲。在束星北教授的指导下,程开甲开展了扎实的研究,很好地完成了毕业论文《相对论的STARK效应》;在大学三年级,程开甲选修了数学系陈建功教授的复变函数课程,并在陈教授的指导推荐下完成了论文《根据黎曼基本定理推导保角变换面积的极小值》,并被苏联斯米尔诺夫(Smirnov)著的《高等数学教程》第3卷第2分册第2章39节全文引用;而王淦昌教授很早就开始研究和讲授原子核物理的前沿知识,并鼓励学生们主动阅读国际最新期刊,跟踪物理学的最新发展成果,他在日后还成为程开甲在原子弹研制和核试验事业中并肩作战的战友。

在流亡中求学的痛苦经历让浙大师生对日本侵略者充

满了憎恨,也带给程开甲很大的思想震撼。在时任校长竺可桢等爱国师生开展的爱国主义教育和校园里广泛组织的抗日救亡活动的影响下,程开甲深感国力盛衰取决于科学技术的发展水平,自此加倍勤学,刻苦钻研,进一步坚定了日后科学救国的理想和志向。

学成归来,矢志报国:"消失"40年的"大教授"

1941年,程开甲大学毕业,选择留校继续开展研究工作。同年秋天,他从浙江大学当时的所在地贵州返回上海,同少年时定亲的高耀珊完婚。

值得一提的是,当时内地很多地区已经沦陷,交通中断,往返贵州和上海需要辗转绕道香港。完婚后的程开甲携夫人从上海到香港时,正好遇到珍珠港事件,香港沦陷,在物资紧缺和社会秩序混乱的情形下滞留在港三个月。后来,在中共中央的直接指示和中共南方局的精心部署下,经验丰富的游击队骨干和交通员从香港营救出了包括程开甲在内的爱国民主人士、文化界人士及其家属800余人。这段经历也进一步坚定了程开甲用科学技术改变国家落后挨打局面的决心和意志。

返回浙江大学理学院当时所在地贵州湄潭后,作为物理系的助教,程开甲开始了初步的学术研究。在束星北和王淦昌教授的帮助指导下,程开甲开始深入接触原子核物理,并独立完成了论文《弱相互作用需要205个质子质量的介子》。1944年,程开甲被派到永兴辅导物理系一年级的学生,当时李政道也在这个班上。在此期间,他在《自然》(*Nature*)杂志上独立发表了论文《用等价原理计算水星近日点进动》(*A Simple Calculation of the Perihelion of Mercury from the Principle of Equivalence*)。不久,他完成了论文《对自由粒子的狄拉克方程推导》,得到了著名理论物理学家保罗·狄拉克(Paul Dirac)教授的亲自推荐,发表在剑桥大学《剑桥哲学学会会刊》上,实现了用相对论原理对狄拉克本人都未完成证明的狄拉克方程的证明。

程开甲的科研成绩引起来华考察的英国科学家李约瑟(Joseph Needhum)博士的注意。在他的推荐下,程开甲参加了国民政府在重庆组织的选派人员出国留学考试,并在1946年获得英国文化委员会的资助,赴英国爱丁堡大学留学,师从著名的理论物理学家马克斯·玻恩(Max Born)教授。

在英国留学期间,程开甲开始转向超导理论的研究,同玻恩教授共同建立了超导电性双带理论模型,也在学术会议中结识了薛定谔、弗留里希、玻尔、海森堡等著名物理学家。

1948年,程开甲参加了在瑞士苏黎世大学召开的低温超导国际学术会议。因为玻恩教授没有出席,程开甲代为宣读与玻恩合作完成的论文《论超导电性》。在会上,程开甲与玻恩的另一名学生海森堡因为观点分歧争论起来,他们一会儿用英文争论,一会儿用德文争论。大会主持人泡利觉得很有意思,主动当裁判,结果没能评出输赢,他只好说:"你们师兄弟吵架,为什么玻恩不来? 这个裁判我也不当了。"虽然争论了好几天,但是程开甲和海森堡反而就此加深了友谊。回到爱丁堡后,玻恩听说了这次争论非常高兴,给程开甲讲起了他同爱因斯坦在科学上的争论,说起了爱因斯坦不但蔑视权威,也反对别人把自己立为权威。这次的经历和老师的谈话让程开甲深刻地意识到了,不要迷信权威,"追求真理的精神,比物理成果和理论成就对人类的意义大得多"。

1948年,程开甲获得了爱丁堡大学的哲学博士学位。

1949年,在报纸上看到中国人民解放军炮击挑衅中国人民的英国军舰"紫石英号"的消息后,程开甲异常兴奋。看到民族希望和国家未来的他毅然决定放弃在英国的优厚待遇,拒绝了导师玻恩教授的再三挽留,决心回到当时一穷二白的新中国去建设祖国。考虑到国家建设的需要,程开甲在回国前跑遍了图书馆和书店,带回了各种珍贵的关于固体物理和金属物理方面的资料。

在晚年回忆起这段经历时,程开甲感慨道:"我不回国,可能会在学术上有更大的成就,但最多是一个二等公民身份的科学家,绝不会有这样的幸福,因为我现在所做的一切,都和祖国紧紧地联系在一起。"

1950年8月,在海上漂泊一个月后,程开甲到了香港,乘火车经广州到了杭州,回到了祖国的怀抱。

回国后的程开甲以极其饱满的工作热情参与到新中国的基础学科科研事业中。在国家的需要和组织的安排下,程开甲不断地探索新的研究领域,参与组建了南京大学(1952年,程开甲因全国大学院系调整从浙江大学调任南京大学)金属物理教研组和核物理专业,同时也参与筹建了江苏省原子能研究所。

1956年,作为技术专家代表,程开甲赴京在西郊宾馆集中三个月,参与制定了《1956—1967年科学技术发展远景规划纲要(修正草案)》(简称"十二年科技规划");同年10月,作为高教部访苏代表团的一员,考察了苏联的学术研究和高等教育,带回了苏联四个大学的教学计划和参考资料,为南京大学的教学改革提供了借鉴。访苏回国后,他完成了《固体物理学》教材的撰写。

在推进浙江大学和南京大学研究工作的同时,程开甲也积极接受政治理论教育。马克思主义的辩证唯物主义和历史唯物主义给了他非常有益的帮助,也让他的工作有了正确的方向和世界观的指导,而国家在中国共产党的领导下日新月异的发展更让他心潮澎湃。经过慎重的学习和思考,1952年,程开甲向党组织递交了入党申请书;1956年7月,经南京大学党委审批,同意程开甲加入中国共产党。他也成为物理系教工党支部发展的第一名高级知识分子党员。

1960年夏,刚担任物理系副主任不久的程开甲突然被叫到校长办公室。时任南京大学校长郭影秋递给他一张纸条,要他第二天按照纸条上的地址到北京报到,具体做什么并没有说明。

直到程开甲来到二机部一个搞煤炭的地方,再辗转询问,到了城北某地,他才知道,真正报到的单位叫作第二工业部第九研究所(简称"九所"),从事的工作,正是当时作为国家最高机密的原子弹研发工作。

程开甲是钱三强亲自点将,经邓小平批准,由时任国务院副总理聂荣臻亲自写信给教育部抽调的。其中还有一个小插曲,当时南京大学考虑程开甲的重要作用,并不愿意他调离，希望另调他人，校长郭影秋说了一段话："你们要服从国家需要，你们以后会知道程开甲调去从事的工作。他今后工作的成就，也是南京大学的光荣，你们要把眼光放到年轻人的身上。"

参与原子弹的研发工作，意味着绝对保密和全身心的奉献，在此期间，为了遵守国家的保密规定，不能参加学术会议，不能发表学术论文，不能出国，要与外界甚至家人断绝联系，不能随便与人来往。自此，长达 40 年的时间，作为当时风头正盛的年轻"大教授"，程开甲"消失"在了公众和同事们的视野中，不再为人所知。为了多年后震惊世界的"惊天一爆"，为了国家与民族的命运，他和很多"消失"的同志们一起，投入自己全部的智慧和精力，开始了艰苦卓绝的研究与探索。

从核"理论"转向核"试验"："只要国家需要，我义不容辞"

新中国原子弹的研制工作由当时二机部的九所负责，而 1958 年 7 月在北京建立的二机部九所（1963 年改制扩编为二机部九院）最初的任务是接受和消化当时苏联专家留下来的关于原子弹的资料。在苏联撤走专家和援助之后，九所便开始独立承担新中国第一颗原子弹的理论探索工作。

刚到九所报到的程开甲和朱光亚、郭永怀一起被任命为技术副所长，曾经担任西藏军区副司令员兼参谋长的李觉兼任所长，主要负责协调和后勤保障工作。在理论研究方面更有优势的程开甲负责专攻材料状态方程和炮轰物理的理论研究和相关工作。

中国原子弹研制初期的困难超乎想象。作为顶级的军事机密,有核国家对于相关情报采取了最严格的保密措施,一切所需的资料和设备都无法获得,所有理论和设备都要自力更生,"必须抛弃一切依赖思想"。

程开甲负责的状态方程研究初期同样是困难重重。核材料,即铀 235、钚 239 高温高压下的状态方程在有核国家被视为绝密,这与普通状态下的材料方程有着本质上的区别。当时,托马斯-费米理论可以描述极高的密度和压力下的介质状态方程,但是苏联专家认为这一理论只能用于高密度的天体物理研究,对于核武器物理研究没有参考价值。程开甲没有简单地迷信苏联专家的意见。为了攻克这一难题,程开甲带领年轻的科研团队,独立摸索,从开始给他们系统讲课开始,积极开展探讨会和辩论会,认真听取每一个人的想法,激发团队的智慧和创造。

没日没夜的思考和计算也让专注的程开甲闹过笑话,一次在饭堂打饭,他把饭票递给窗口卖饭的师傅,随即脱口而出:"我给你这个数据,你验算一下。"这句话弄的师傅莫名其妙。时任理论研究负责人邓稼先赶紧提醒他:"程教授,这儿是饭堂。"

经过半年的艰苦努力,程开甲终于首次采用合理的托马斯-费米理论模型计算出了原子弹爆炸时弹心的压力和温度,也就从理论上得到了引爆原子弹的冲击聚焦条件。当时负责原子弹结构设计的郭永怀激动地说:"老程,你的高压状态方程可帮我们解决了一个大难题啊!"

1960 年冬天,持续高强度工作的程开甲病倒了,不得不中断工作回到南京养病。为了尽早恢复工作,他开始学习太极拳,努力锻炼体魄,还下决心戒了烟。1961 年初,他重返工作岗位。

在那个年代,将自己置之度外,为了伟大事业努力克服困难的不止程开甲一人。当时正值三年困难时期,全国各地都面临天灾饥荒,九所的科研工作者们也不例外,常常面临电力和食物短缺。为了帮助他们,周恩来总理亲自关怀,聂荣臻元帅以个人名义向各大军区和海军募集副食品。军队各大单位在自己物资也很紧张的情况下,节衣缩食,省吃俭用,保证九所的粮食供应。在整个原子弹的研发事业中,不仅有相关科研工作者们不舍昼夜的奋斗,同样也有广大干部群众的默默奉献。

1962 年夏,在广大科技工作者的努力下,我国第一颗原子弹研制的关键理论研究和制造技术已经取得了突破性的进展,原子弹的自主设计理论方案基本完成,此时,原子弹的爆炸试验也就被提上了日程。为了突破这一新的领域,同时考虑到九所目前还需集中精力完成原子弹的研制工作,经组织慎重考虑,决定让程开甲代表九所,专门考虑和负责原子弹爆炸试验的研究和准备工作。

这对于程开甲来说是一个极大的挑战。首先,原子弹试验是一个十分复杂的、集多学科为一体的高科技试验,他的优势在于理论研究,虽然之前也改变过研究方向,但是爆炸试验对他而言意味着转变专业方向,是一个完全陌生的研究领域。其次,这项工作和九所从事的原子弹研制工作暂无太大关联,九所根本没有多余精力考虑这一问题,程开甲必须"单枪匹马"承担工作。最后,还有人向程开甲提出:"今天干这个,明天干那个,当心变成万金油,东搞西搞,最后什么都搞不好。"

面对这么多的困难和劝说,程开甲只说了一句话:"只要国家需要,我义不容辞。"

1962年10月30日,张爱萍将军召开国防科委办公会议,程开甲在会上就核爆炸试验靶场的技术准备问题进行了汇报。考虑到原子弹试验工作的技术项目难度很大,程开甲提出组建一支研究队伍,尽快开展研究工作。张爱萍将军当即表示同意,并转达了钱三强推荐由程开甲来主管这一研究机构的意见。

虽然这时候房子、仪器等硬件条件都暂时无法满足,但程开甲立马投入"招兵买马"的工作中去。在邓小平同志的批示下,中共中央组织部和总政治部根据程开甲的要求,从全国各地开始抽调骨干力量。最初来报到的是吕敏、陆祖荫和忻贤杰,后来调来了哈尔滨工业大学的孙瑞蕃和北京航空学院的董寿莘,接着从各地抽调的包括理论计算、放射化学、力学、光学、电子、机械、地质和核物理等专业的技术骨干先后到位。1963年春,哈尔滨军事工程学院一批学生提前毕业前来报到,当年夏天,又有100多名全国各重点大学的毕业生加入进来。

根据核试验工作的实际需要,程开甲和同事们经过充分论证和讨论,确定了研究所的研究架构和组织框架。研究所下设5个研究室,分别为冲击波研究室、光测量研究室、核测量研究室、自动控制与电子学研究室、理论计算研究室,程开甲在1963—1970年间亲自兼任理论计算研究室主任。后来,为了开展地下核试验,又增设了地质水文研究室。此外,还设有资料室和加工厂。

事实上,研究所的机构设置完全符合实际的工作科研需要,也满足核试验的任务需要。程开甲和同事们极具前瞻性的思考,使得最初的这一机构设置(后来分出放化分析研究室),延续了二十多年,并在第一颗原子弹爆炸试验后成为全军最大的研究所。

1963年7月12日,核试验技术研究所在国防科委礼堂正式成立,程开甲担任研究所副所长(后担任所长),同时兼任九所的副所长,后来改制后担任九院的副院长。

同时担任原子弹研制和试验两个单位领导职务的程开甲更好地实现了两块工作的融合,在试验中提出弹体设计的改进,用实际指导理论,实现了理论、试验、设计相互依存的良性循环,探索出了我国核武器研制与试验的特殊关系。1962年11月26日,程开甲主持完成了《关于第一种试验性产品国家试验的研究工作纲要(草案)》以及《急需安排的研究题目》,顶住压力否定了苏联专家提出的首先进行空投爆炸试验的提议,决定采用在百米高的铁塔上进行爆炸试验的方式,并由此提出了28个研究项目和73个科研课题,经过钱三强的审阅报送了国防科工委。

同时,在完成基本原理、理论计算和分析以及各种模拟试验之后,由于核试验涉及方方面面的工程技术问题,比如点爆的流体力学和空气动力学理论、核爆炸链式反应的测量技术和设施、微秒级的示波器、快速电缆、超高速摄像机、准确的气象预报、高精度的全系统同步控制系统、γ射线探测和记录系统等,需要全国各个科研单位、各条战线的协调作战。在反复论证和逐步明确技术要求指标后,程开甲带领研究所将所需解决的问题分解为上百个课题,在党中央的组织协调下,涉及几十座城市,数以百计的工厂、高等院校和科研院所加入这场全国范围的科研、试验、技术、生产的协同作战。在一年多的时间里,程开甲和同事们走遍了全国各军兵种、科研单位和高等院校的 30 多家相关单位,召开了上百次会议,各单位的负责同志也常到当时在北京西直门的研究所提出和探讨各个技术问题,时任国防科委二局(当时统筹全国原子弹研制和试验工作)局长胡若嘏将此比喻为"各地厂所轮番轰炸西直门"。

在全国一盘棋的统筹下,各家单位通力合作,刻苦研究,圆满完成了三项任务:全面的、科学的、多学科交叉的、有高度预见性和创造性的、切实可行的试验方案;有定量分析的爆炸效应图像;独立自主研制的性能稳定可靠的 1 700 多台测试、取样、控制的仪器设备。

1963 年夏天,程开甲带领核试验技术研究所在进行核试验理论研究和技术准备的同时,前往已经建好的马兰基地,展开了试验场区的工程选定、设计和施工。在罗布泊的场区,经过理论计算和各类测试方案、试验安全的要求,程开甲负责处理了诸如测试工号屏爆心地测点地形和选择等诸多工程技术问题,确定了爆炸铁塔的设计方案。1964 年 4 月,核试验研究所提前半年进入场区,参试人员们开始在高温、干燥和风沙的恶劣条件下对设备进行现场安装和调试。这不仅考验着设备,也考验着参试人员的意志。经过三个多月的艰苦奋斗,到了8月中旬,场区设备的安装调试工作全部完成,这意味着离第一次原子弹爆炸又近了一步。

1964年10月14日19时20分,原子弹平稳吊上塔顶。

10月16日14时50分,"起爆"命令下达,短暂的寂静后,传来了一声惊雷般的巨响。

各个测绘点和1700多台仪器的数据汇总到了程开甲手里。经过数据分析,他判断,实际爆炸TNT当量和设计完全一致,并将结果上报给了中央。

在原子弹研制的同时,二机部部长刘杰和副部长钱三强就开始了氢弹的部署。1965年底,在原子弹爆炸成功后,程开甲开始将精力转向氢弹原理试验的准备上。经过对理论设计的探究和铁塔的加固,1965年12月28日,氢弹原理装置点火,证明了设计方案的正确性。为了赶在法国之前成功进行氢弹试验,程开甲带领研究所针对新的空爆试验的特点反复考虑试验的安全和测试问题,同时带领团队在两个半月的时间内研制出了比原子弹当量更大、爆点更高的氢弹的第二代测控系统。6月17日上午,一架轰六飞机出现在大漠上空,成功在预定高度引爆了中国第一颗全当量氢弹。此时距离原子弹试验成功,仅用了两年零两个月。

原子弹和氢弹的成功爆炸令世界震惊,程开甲与核试验基地科研人员们立下了不可磨灭的功勋,而作为核试验研究所的创建者和核试验事业的主要负责人之一的程开甲,更是为这一伟大事业作出了令人钦佩的贡献。

深入"虎穴",亲入"爆心":胆大心细的"核司令"

1963 年 8 月 5 日,在第一颗原子弹的研制和试验准备工作即将完成的时候,美、英、苏三国在莫斯科签订了《关于禁止在大气层、外层空间和水下进行核试验的条约》,试图利用三国可以进行地下核试验的优势,剥夺其他国家核试验的权利,遏制中国核武器的发展,从而实现在全世界对核武器的垄断。

1963 年 12 月,为了打破有核国家核垄断的企图,在周恩来总理的指示下,中央要求开始研究地下核试验。作为负责人的程开甲立刻开始了相关问题的研究,并在核试验研究所下筹建了地质研究室,调来长春地质学院的丁浩然担任主任,着手研究地下核试验场址的选取和核试验环境条件的分析。后来,又根据实际需要,增加了核爆炸地质效应的研究。

与之前进行的大气层核试验相比,地下核试验能参考的资料更少。作为重要条件的场址选择,由于我国是硬岩地形,相较于美国的凝灰岩施工难度更大,孔隙更小,更不利于放射性气体的封闭;同时,美国是台地地形,只要台阶足够高,就可以从台阶底部水平挖掘,而我国只能选择山体。因此,在各方面条件都不同甚至更差的情况下,地下核试验的关键理论和技术问题都必须自行突破。

事实上,因为地下核试验的技术难度大、试验周期和工期长、工程要求高,还有屏蔽、回填、安全等尚未解决的难题,是否要发展地下核试验还存在不同意见。为了核试验事业的长足发展，1964 年 9 月，程开甲提出了关于进行地下核试验的初步建议，并在 10 月提交了《关于进行地下核试验的建议和资料》，阐述了他对于地下核试验的观点，希望能尽快发展地下核试验。1967 年 10 月底，国防科委在北京召开了首次地下核试验的技术工作会议，在分歧很大的情况下，程开甲在会上多次发言，阐述了地下核试验的重要性、必要性和可行性，认为中国必须掌握地下核试验技术，并且需要尽快进行地下核试验。

经过异常激烈的争论，中央决定，在 1969 年进行第一次地下核试验。事实证明，这是一项具有战略意义的英明决策，而程开甲则是中国地下核试验的重要倡导人和主要的试验主持人。

开始地下核试验的研究之初，作为主要负责人的程开甲对采用平洞方式，即在山体中开掘一条水平坑道放置核弹和检测仪器并回填堵塞的第一次地下核试验提出了三个要求："不冒顶，不放枪，不泄露"。

为了满足这些要求，程开甲亲自带领理论室进行理论分析和计算，并组织了化爆模拟试验。两次化爆试验并不顺利，堵塞物全部被冲出，经过分析，程开甲提出了前封后堵的自封方式，确保了核物质不泄露、洞体不坍塌，保证了试验的安全。这一方法也在后期一直沿用于地下核试验当中。

1969 年 9 月 23 日 0 时 15 分，第一次地下平洞核试验成功，坑道也按照程开甲的设计实现了自封，达到了预期的设计目标。

随后，为了后续地下核试验的开展，程开甲提出了"分段堵塞,逐级降压"的新的坑道封闭堵塞方案,并组织了对新的试验场区的勘探施工。在他和同事们的日夜奋战和大胆创新下,1975 年 10 月,第二次地下核试验成功;1976 年 10 月,第三次地下平洞核试验在新的场区成功实施;1978 年,采用全新技术的不同于平洞试验的竖井地下核试验成功,实现了相较于平洞试验有更大余地的地形选择和更大威力的爆炸试验,这也使得 1980 年后我国的核试验全部转至地下。

程开甲对每一次地下核试验都慎之又慎,精心准备,一直保持着科学严谨的作风。为了能够得到第一手的资料,确保核试验万无一失,程开甲在第一次地下核试验后就组织人员进行开挖,并决定亲自进入核试验爆后现场,甚至去原子弹的爆心考察。

众所周知,核爆炸会产生大量的放射性物质,而且爆炸后洞体内温度极高,随时都有坍塌的危险,国内外从未有过前往爆心考察的先例。但是为了掌握真实数据,胆大心细的程开甲从未考虑过个人安危,而是果断穿上防护服,戴上大口罩、手套、安全帽,拿上手电,不顾现场技术人员的阻拦和劝说,亲自从开挖后被爆炸挤扁的狭窄的坑道进入爆后现场,察看洞内的各种物理现象。特别是进入爆心的时候,他随身携带的放射性剂量探测笔不停地尖叫,虽然他也担心核辐射对身体产生伤害,但是为了得到第一手的资料,他毅然地走了进去。

一次在竖井零后爆心处,警卫员问程开甲:"首长,您就真的不担心身体吗?"程开甲回答道:"担心,但我更担心试验事业,那也是我的生命。你说我能不去吗?"

不入虎穴,焉得虎子?程开甲说:"每次'深入虎穴',我的体会是亲眼所见与'只听汇报'大不相同。"

在地下核试验的过程中,程开甲也一直保持着坚持科学的严谨作风。为了获取爆炸后的核反应图像,程开甲提出了研制300万次以上的高速相机,并执着地关心着这一项目。经过12年的不懈努力,科研人员孙瑞藩和西安光电所终于研制成功多幅变像管相机,这与程开甲不懈的坚持和帮助密不可分。为了解决核爆炸产生的核辐射和电磁波对于测试系统产生的干扰问题,程开甲倡导组织了干扰研究组,亲自编写了4本关于电磁脉冲理论和干扰问题的教材,多次为他们讲课并指导实验,还提出了"大尺寸屏蔽测量系统"的概念,最终实现了所有测试项目的抗干扰。同时,针对每次核试验后对于放射性物质的取样,在飞机取样和地面布盘取样的基础上,程开甲提出了利用炮伞取样的思路。实践证明,炮伞取样的样品代表性最好。在氢弹试验和地下核试验中,程开甲也分别针对实际情况提出了火箭取样方法和管道气体取样法,都获得了较好的效果。

从1962年筹建核武器试验研究所,到1984年离开核试验基地,前后22年,程开甲作为中国核试验技术的总负责人,先后筹划并在技术上主持了30余次各种类型的核武器试验,从未因为试验和测试方法不当造成过严重后果,基本上都实现了预定的试验目标。

作为中国指挥核试验次数最多的科学家,程开甲也被誉为当之无愧的"中国核司令"。

远目如炬,创新唯实:与祖国紧紧相连的壮阔人生

1984 年,程开甲离开核试验基地,担任国防科工委科技委常任委员。离开了核试验领域的程开甲并未就此躺在辉煌的功劳簿上,而是立刻以极大的热情投入武器装备研究和基础研究中。

因为长期研究作为武器的核弹的杀伤力,程开甲也开始逐渐关注实战中武器装备本身的防御问题,特别是核爆炸导致的电磁脉冲、X 光等的辐射破坏效应。为了推动这一领域的研究发展,从 20 世纪 70 年代开始,程开甲就和吕敏等人提出了制造强脉冲电子加速器作为辐射模拟源开展研究,并大力支持邱爱慈等人提出的相对论电子束(REB)加速器的研制。1984 年到国防科工委科技委工作后,程开甲正式起草了报告并报送张爱萍将军,阐述了抗核加固问题的重要性和紧迫性,并将研究领域扩展到复合材料、微波、激光等领域,建造了我国自行设计的核辐射模拟设施,为武器装备的发展作出了重要贡献。同时,在大型模拟设备 REB 建成后,程开甲还指导利用这台设备在国内率先开展了尚属全新领域的高功率微波研究,并关心和推动了准分子激光研究。

20 世纪 80 年代,有实验发现了高温超导现象。程开甲趁此契机,继续对 20 世纪 40 年代与导师玻恩教授共同提出的超导电双带模型进行研究,发展和完善了"程-玻恩"理论,并提出了对当时在低温超导领域颇具权威性的、由诺贝尔奖

得主提出的 BCS 成对电子理论的质疑。1991 年，程开甲根据对超导电双待理论的完善，完成了专著 *Study on Mechanism of Superconductivity*，并在新时代出版社出版。此外，程开甲还延续了之前在九所分管状态方程研究时对 TF(Thomas-Fermi)统计理论的研究，创建了材料科学领域的电子理论 TFDC(Thomas-Fermi-Dirac-Cheng)，提出了描述微电子运动的新思想、新观点和新方法。

事实上，从投身于原子弹研制事业，到成为核试验的主要负责人，再到离开核试验基地，直至生命的最后一刻，程开甲从来没有离开过科研第一线。在身边的工作人员眼里，他既是一位令人倍感亲切的学识渊博却谦逊谨慎的大科学家，也是一位令人敬畏的作风严谨、喜欢刨根问底的研究负责人，而在每一个试验的关键阶段，他更是一位令人钦佩的勇往直前、身先士卒的好领导。在研究所建设初期，程开甲以充沛的精力参与到每一个研究室的建设和每一个课题的研究中，亲自听取每一次汇报，一次次地检查工作。对于每一个科研和管理上的问题都有细致和认真的把握，对出现的问题也会毫不留情，甚至十分严厉、不讲情面地提出来。在决定第一次核试验是否采用苏联专家建议的空爆形式时，程开甲坚持真理，以深厚的理论功底和极其准确的判断能力顶住压力，果断选择了塔爆方式，坚持走自主研发核试验技术的道路。

在核试验基地第一任司令员张蕴钰眼中，"程开甲是纯粹的科学家，真正的科学家"。这位与程开甲并肩携手开创核试验事业、共同指挥数十次核试验的将军曾赠诗"核弹试验赖程君,众人尊敬我称师"。

从一开始,程开甲就把核试验当作一项科学事业来看待,而不简单作为一次任务来完成。为了实现这一目标,在创建核试验研究所初期,程开甲就极具远见地在研究所建设配套的学科,配备和培养年轻的学科带头人。他要求有关的专业不仅要能够完成核试验任务,同时还要配齐必要的实验设备,具备理论研究能力;不仅要能满足当前的国防建设需要,也要在相应的领域处于国内领先,在国际上站得住脚,要能够满足核武器研制过程中对核试验不断提出的新要求。

这样贯彻至今的办所理念其实一直存在阻力,也受到过质疑,但是由于程开甲的极其长远的战略眼光和坚持科学的魄力,使得核试验基地一直能够具备强大的理论与技术储备能力,逐渐发展到了今天的水平。在这个过程中,程开甲还尤其注重科研人才的培养,他对于抽调前来的年轻技术骨干总是亲自研究、亲自了解,也一直鼓励他们大胆创新、持之以恒,给予他们大量的指导和充分的信任,不停地磨砺他们的思想素质和业务能力,孕育了"艰苦奋斗,无私奉献"的马兰精神。

50多年里,这支核试验技术队伍从小到大,从不成熟走向成熟,共走出了10位院士、40多位将军,获得了2000多项科技成果奖。

多年后回忆起核试验走过的路程,当被问到"中国核试验事业发展的经验是什么"时,程开甲回答道:"开拓创新。"

这个词真正贯穿了程开甲的一生。从早年的求学,到参与原子弹研制；从创办核试验研究所，再到退居二线后依然奋战在科研一线，他以数十年如一日的默默奉献和开拓创新，为中国的核试验和科学研究事业带来了不断的突破和发展，也把自己的壮阔人生与祖国紧紧相连。

2014年1月10日，国家主席习近平在北京人民大会堂亲自为97岁高龄的程开甲颁发了2013年度国家最高科技进步奖；2019年9月17日，习近平主席签署主席令，授予程开甲等五人"人民科学家"国家荣誉称号。

2018年11月17日，101岁的程开甲在北京逝世。他的一生，波澜壮阔，风骨灼灼。正如2018年"感动中国"组委会的颁奖词所说："空投、平洞、竖井、朔风、野地、黄沙，戈壁寒暑成大器，于无声处起惊雷！一片赤诚、一生奉献，一切都和祖国紧紧相连。黄沙百战穿金甲，甲光向日金鳞开！"

人民科学家程开甲，永远活在人民心中！

◆ 参考文献 ◆

[1] 程开甲,熊杏林,程漱玉,王莹莹.创新·拼搏·奉献：程开甲口述自传[M].长沙：湖南教育出版社,2014.

[2] 李国利,王建新.程开甲：中国"核司令"人民科学家[N].经济日报,2019-11-08.

[3] 李国利,王建新."人民科学家"程开甲——隐姓埋名的中国核司令[N].忻州日报,2019-12-04.

[4] 程开甲的惊天事业与沉默人生[EB/OL].(2014-02-19)[2021-07-19].http://dangshi.people.com.cn/n/2014/0219/c85037-24401803.html.

[5] 章文.程开甲：一生与祖国紧紧相连[N].光明日报,2019-10-23

(04).

［6］熊杏,邹维荣.一生为国铸核盾——记"两弹一星功勋奖章""八一勋章"获得者程开甲院士[N].解放军报,2018-04-09.

［7］吕敏.程开甲院士与中国的核试验[J].现代物理知识,2014,26(04)：28-31.

［8］程开甲.我的百岁人生之路[J].党建,2018(11)：26-28.

程开甲：

隐姓埋名铸核盾　惊天动地扬国威

钟南山：

大医精诚写大爱　　两经国难见精神

钟南山，中国工程院医药卫生工程学部院士，著名呼吸内科专家，中华医学会会长，呼吸疾病国家重点实验室主任，国家卫健委高级别专家组组长，首批国家有突出贡献专家。2003 年在抗击非典的斗争中，因其杰出的工作表现，被全国总工会授予"五一劳动奖章"称号。2004 年荣获中国卫生领域最高荣誉——白求恩奖章。2020 年 8 月 11 日，国家主席习近平签署主席令，授予钟南山"共和国勋章"。

2020 年 9 月 8 日，在全国抗击新冠肺炎疫情表彰大会上，中国工程院院士、广州医科大学附属第一医院国家呼吸系统疾病临床医学研究中心主任钟南山被授予"共和国勋章"。在抗击新冠肺炎疫情中，钟南山勇挑重担，始终冲在第一线，用仁心仁术守护着人民的生命健康。从 18 年前那一句"把最危重的病人转到我这儿来"，到 2020 年新冠肺炎疫情防控中"抗击疫情，医生就是战士，我们不冲上去谁冲上去"，钟南山肩上始终扛着医者的担当。

医学世家，立志报国

　　20 世纪 30 年代的中国，军阀混战，社会动荡，内战频仍，经济凋敝，民不聊生。南京国民政府不断加强独裁专制，官僚资本迅速膨胀，人民过着异乎寻常的悲惨生活。就是在这样一个年代，1936 年 10 月 20 日，钟南山在南京出生，父亲钟世藩按照出生地的位置，给他取了一个颇有气势的名字——南山，南京中央医院刚好坐落于钟山南面。这个意义单纯的名字，日后却印证了钟南山攀越高山、跨越巅峰、不断自我超越的形象。

　　钟南山出生在一个医学世家。父亲钟世藩，是 20 世纪 30 年代南京中央医院儿科主治医师，新中国成立后成为中山医科大学的一级教授，是我国著名儿科专家。1901 年，钟世藩出生于福建厦门，从小跟着一位叔父在厦门长大，叔侄俩一直过着艰辛的贫穷生活。9 岁那年钟世藩被人带到上海，给一户人家做仆人，饱受贫穷与颠沛流离之苦。特殊的身世和寄人篱下的生活，使钟世藩过早就知晓了人间苦难与悲愁，养成了异常独立和坚毅的性格。艰难的时世和沉重的生活担子，使他惯于脚踏实地做事而不善辞令。他非常刻苦地学习，以优异的成绩考入协和医科大学。入学时他们全班共有 40 人，但能在这艰险时世中坚持学习并毕业的，包括钟世藩和后来北京医科大学皮肤科著名专家胡传魁等在内，只有 8 个人。1930 年，钟世藩从北京协和医学院毕业后，又去美国纽约州立大学留学，拿到了医学博士学位，是当时中国少有的医学博士之一。抗战胜利之后,钟世藩出任广州中央医院院长。1953 年,院系调整后,钟世藩调任广州中山医学院儿科主任。钟南山的母亲廖月琴,祖籍厦门,就读协和高级护理专业,毕业后曾由当时的卫生署派往美国波士顿学习高级护理。新中国成立后,担任过中山医科大学肿瘤医院副院长,是广东省肿瘤医院创始人之一。

在父母的关爱下,钟南山从小活泼好动,却也非常聪慧、懂事。在家庭耳濡目染下,他渐渐对医学产生了兴趣。1955年,年仅 19 岁的钟南山以优异成绩考入北京医学院医疗系,实现了从医理想的第一步。1960 年,钟南山毕业后留在北京医科大学,之后开始从事放射医学教学。他多才多艺,能歌善舞,当过校报编辑,参加过校文艺宣传队,还是北京市十项全能冠军。就在风华正茂的钟南山雄心勃勃,打算干出一番事业的时候,一场突如其来的浩劫打断了这一切。由于父母是医学专家,钟南山成了"反动学术权威"的后代,被发配去当锅炉工,每天要铲起几千斤煤,在炉膛旁来回担煤几百趟。有一天,上级号召群众献血,钟南山毅然报名参加。献出了400 毫升鲜血的他,晚上还要按时参加锅炉房值班,突然失去知觉,摔倒在炉房门口。一位来锅炉房打热水的校工和一群"牛鬼蛇神"救了钟南山。这一晚,他彻夜未眠。他认真地想了想自己作为一名医学世家的后代,一名医学专业的毕业生,他应该在医学领域里实现自己的理想。于是钟南山决心离开北京,回南方去做一名医生。

1971 年底,钟南山来到广州第四人民医院,被安排到了医院急诊室,从最基本的事情干起。但他只有三年半的医学基础理论与基础操作学习时间,根本还没有进入临床阶段就被拉去田径集训,从参加集训到现在在第四人民医院当一名医生,整整 13 年间,他没再正式接受过临床医学的相关教育。当时钟南山明显地感到自己的基础不扎实,干得十分吃力。

某日,钟南山所在的急诊室接到一个电话,说广州增城的罗岗有一个肺结核大出血的患者,要立即送来广州会诊。钟南山便主动向主任请缨。在他到增城之前,当地的医生已为患者作了初步的诊断和护理。因为患者曾得过肺结核,所有一切症状似乎都表明他是肺结核大出血。钟南山心想,这应当送专科医院治疗,于是决定将患者送回广州市结核病防治所。在路上,患者又出了一次血,是从口中呕出来的,呈黑红色。虽然出血的频度和色泽与肺结核咳血有些不同,但这并未引起钟南山的怀疑,他还是把患者送到了结核病防治所。返回医院时,已是下午五点半了,他跟当值的医生简单交代了一下接回患者的经过和患者的症状,就回家了。但是第二天,钟南山上班时,马上感觉到了同事们异样的目光。一进主任室,只听到主任异常严肃地说:"他们说那名患者是消化道呕血,马上去接回来!"钟南山立即明白了事情的严重性。他将那位患者火速接回医院,重新会诊。原来,只是一根鱼刺,刺中了患者的胃小动脉,引起了大出血!误诊事件过后,主任特意找钟南山谈话,暗示他主动提出调离。这令钟南山很沮丧,他表示自己就是拼命也要干好这份急诊工作。但后来,医院还是把他安排到病房工作,让他和病房的一位叫郭南山的医生对调。但病房一开始不愿意放走那位

"南山",放言道:"此南山非彼南山也。"这事又一次深深地刺激了钟南山,他开始拼命钻研医学知识。大约半年后,钟南山有了四大本医疗工作笔记,在急诊方面已经差不多是个熟手了。八个月后,医院的医生评价钟南山,已经顶得上一个主治医生了。

钟南山始终怀揣求知若渴的心,1979 年 43 岁的他考取了国家公派留学资格,前往英国伦敦爱丁堡大学进修。满腔抱负的他刚到英国,就被浇了一盆冷水。英国法律不承认中国医生的资格,导师弗兰克教授当时也不了解中国,不信任钟南山。1980 年 1 月 6 日,钟南山来到爱丁堡大学附属皇家医院呼吸系,弗兰克教授用不冷不热的口吻说:"你先看看实验室,参加查看病房,一个月后再考虑该做些什么。"第一次会见就这样短暂地结束了,总共不到 10 分钟。走出教授办公室,他内心感到一种莫名的压抑。原本 2 年的留学时间,限制为 8 个月,8 个月做不出什么工作,就要自找出路。他压力极大,在日记中袒露了心声:"这不仅是个人工作没着落,达不到学习目的,无颜见江东父老的问题,更重要的是这关系到中国医生的形象,关系到祖国的声誉。"他暗下决心:一定要用实际行动为中国医生、为祖国争口气。留学期间,他拼命工作,取得了 6 项重要成果,完成了 7 篇学术论文,其中有 4 篇分别在英国医学研究学会、麻醉学会和糖尿病学会上发表。他的勤奋和才干彻底改变了外国同行对中国医生的看法,赢得了他们的尊重和信任。英国伦敦大学圣·巴弗勒姆学院和墨西哥国际变态反应学会分别授予他"荣誉学者"和"荣誉会员"称号。1981 年,导师弗兰克教授致信中国驻英大使馆:"在我的学术生涯中,曾经与许多国家的学者合作过,但我坦率地说,从未遇见一个学者,像钟(南山)医生这样勤奋,合作得这样好,这样卓有成效。"当钟南山完成两年的学习后,爱丁堡大学和导师弗兰克教授一再盛情挽留,但他报效祖国的决心已定,他说:"是祖国送我来的,祖国正需要我,我的事业在中国!"

1984年,钟南山开始担任广州呼吸疾病研究所所长。他与广州呼吸疾病研究所是一起成长起来的。研究所建立之初只有三个人逐渐发展到下设呼吸内科、胸外科、广州呼吸监护中心(呼吸监护科)、实验部等多个临床科室的研究所,倾注了钟南山和他的同事们的无数心血。1993年,广州市呼吸疾病研究所被广东省高教厅正式批准建立省重点学科,1994年成立广东省呼吸疾病研究重点实验室。

身为治病救人的医生,钟南山常说:"对于一个医生来说,鲜花代表我们医生对病人的愿望和祝福,希望他早日康复。但是,作为一个医生光给鲜花是不够的,他还要给稻穗。稻穗是什么呢?就是实在的东西,是他肚子里的东西,也就是实实在在地给病人正确地诊断治疗,让他恢复健康。"病人的利益高于一切,病人就是亲人,这是钟南山遵循的原则。"尽我力所能与判断力所及,无论何处,遇男遇女,贵人或奴婢,我之唯一目的,为病人谋幸福。"世界著名医学家希波克拉底的誓言就是钟南山的座右铭。

敢医敢言，巍然南山

2003 年春天，中国突发非典疫情，年过六旬的钟南山始终站在抢救病人的第一线。实事求是、尊重科学、敢医敢言的铮铮风骨，为他赢得"抗击非典第一功臣"的美誉。

2002 年 12 月 22 日，钟南山所在的广州医学院第一附属医院呼吸疾病研究所收治了从广东河源转来的特殊的危重肺炎患者。之所以"特殊"，是因为该患者病情十分奇怪：持续高热、干咳，肺部经 X 光透视呈现"白肺"（即双肺部炎症呈弥漫性渗出，阴影占据了整个肺部），使用各种抗生素治疗均不见效。两天后河源传来消息，当地一家医院救治过该患者的 8 名医务人员均感染发病，症状与患者相同。作为广东省医疗卫生界首位中国工程院院士、呼吸疾病研究所所长，在呼吸道疾病，特别是慢性支气管炎与哮喘病诊治方面的国际级权威，广博的知识与多年的临床经验告诉钟南山，这是一例非常值得关注的特殊传染病。

2003 年 1 月 21 日，钟南山接到广东省卫生厅通知，前往中山市两家医院调查。根据中山市的报告，他们那里也出现了类似河源的"怪病"，并且有医务人员被感染的情况。以钟南山、肖正伦为首的广医学一院呼研所专家通过对中山地区调查情况的分析，得出如下结论：这是一种人类历史上从未见过的传染病，临床表现与典型肺炎不同，呈非典型肺炎症候，患者主要表现为高热、干咳、呼吸困难等肺炎症状，如抢救不及时，患者容易死于呼吸衰竭或多脏器衰竭。疾病的传播途径仍然不是十分清楚,初步考虑为近距离飞沫传播或密切接触。很快,专家小组将一份涉及该病诊断、治疗、预防的《关于中山市不明原因肺炎的调查报告》送至广东省卫生厅。这份报告第一次将多日以来困扰着人们神经的"怪病"命名为"传染性非典型肺炎",简称"非典"。到 2003 年 2 月底,世界卫生组织将非典命名为"SARS(严重急性呼吸道综合征)"。广东省卫生厅马上部署了相应工作,其中之一就是任命钟南山为广东省非典型肺炎医疗救助专家指导小组组长。

2003 年春节过后,广州感染非典的人数急剧增加,多家医院面临严峻考验。钟南山向广东省卫生厅主动请缨:"鉴于呼研所的技术力量,同时考虑到危重患者有较强的传染性,应集中治疗。把最危重的病人往我们医院送!"做出这个决定无疑需要很大的勇气:第一,当时病因不明,谁都没把握治好病人,治不好就等于砸了自己的牌子;第二,当时已经明确该病具有极强的传染性,病情越重,传染性越强。但钟南山对同事说:"这是需要我们站出来的时候,不能有丝毫犹豫,因为我们是医生,这是我们的职责。"面临前所未有的压力,钟南山身先士卒,全力以赴地投入工作。他深知疫情之下社会安定的重要性,主张要保证社会的稳定,就要用事实说话,用科学说话,用治疗效果说话,让患者尽快康复。为了攻克难题,钟南山成立了以肖正伦、陈荣昌、黎毅敏为骨干的老中青呼吸疾病专家组成的攻关小组。他们不断就患者的病情进行探讨,严密观察患者的变化,逐步摸索出一套有效的治疗方案,提高了危重患者的抢救成功率,降低了死亡率,而且明显缩短了患者的治疗时间。钟南山与攻关小组将研究成果上报广东省卫生厅。卫生厅通过讨论完善,于 2003年 3 月 9 日出台《广东省医院收治非典型肺炎病人工作指引》,这成为广东省抗击非典战役的转折点。在以钟南山为代表的广大医务工作者的努力下,广州非典疫情渐渐被控制住了。

作为一名医学专家,钟南山始终坚持实事求是。"我想追求一个未知数,就是这个目的。这个病并不知道是什么原因,是什么病原,是什么源头,怎么治,我希望搞清楚,这就是我最大的动力。"钟南山如是说。2 月中旬,有关方面宣布非典型肺炎基本诊断为衣原体的病因。"我想,这个看法是不是缺乏调查研究,没有认真地从临床的角度来认识?从我们临床感觉有两个大的不同,很难用衣原体的肺炎来解释,第一个就是衣原体引起的肺炎很少引起这么重的肺炎,第二个我们采取了足够剂量的治疗衣原体、支原体的药物,但是一点效果都没有。当时我考虑,除非这个衣原体是一种特殊的变种,否则的话是很难用衣原体来解释的。"钟南山在 4 月 26日接受《面对面》节目采访时这样说。主持人王志在谈到这场病原体之争时说道:"在当时来说,衣原体是一个很权威的声音。"钟南山的回答体现了实事求是的科学工作者坚持的原则:"学术上就是真理,就是事实,但是当我们看到这个事实跟权威的是不一样的话,我们当然首先尊重事实,而不是尊重权威。"尊重科学,用事实说话,正因为如此,钟南山没有顾及"反对"的风险,没有顾及名声的代价,毅然决然提出相反的意见。他顶着莫大的压力,以一位科学家的科学态度与良知,在抗击非典的战役中坚守了自己的立场,以坚持真理的勇气找到了"冠状病毒说"的依据。

2003年4月12日,广东媒体在重要位置刊登消息,首次公布在广东的非典患者身上找到的病原体是冠状病毒。4月16日,世界卫生组织在日内瓦宣布,经过全球科研人员的通力合作,正式确认冠状病毒的一个变种是引起非典的病原体;因为把从非典患者身上分离出来的冠状病毒接种到猕猴身上,猕猴出现了和人一样的非典型肺炎。建立动物模型是证实病原体的"金标准",就像癌症确诊的"金标准"是病理切片的报告结果一样。这是全球发生非典疫情以来取得的最有价值的阶段性成果。

2003年,面对国际舆论给中国施加的压力,出于对国家、对民族强烈的责任感,作为一名医学专家、一个中国公民,钟南山在学术场合,向国际同行实事求是地介绍中国政府所做的工作和努力。据统计,2003年3月31日至4月12日,西方四大媒体——美国《华盛顿邮报》《纽约时报》、美国有线电视新闻网(CNN)和英国BBC广播电台,关于中国非典疫情的报道有202条。其中,负面报道有132条,占65%;公开指责的有46条,占23%;中性报道69条,占34%;正面报道只有1条。在非典期间,钟南山一边投入一线的临床救治工作,一边来去匆匆地到许多国家和地区走访,争取一切机会,宣传中国对非典疫情的防治。他以广东防治非典的成功经验,以中国的实际行动,赢得了世界的赞誉。其间,他应邀访问了澳大利亚、丹麦、美国、日本、新加坡、马来西亚、荷兰、瑞士、瑞典,还有中国的香港和澳门地区。

钟南山最早是去日本讲非典,但真正在国外对非典问题进行学术讨论,则是在美国。2003 年 5 月,在西雅图召开的美国胸科学会国际会议上,钟南山做了题为"非典在中国"的发言,获得了到会的美国及很多国家和地区医学权威们的高度赞许。随后,德新社、美联社等新闻机构对他进行了专门的采访。"那一次给我的印象、给我的感觉,是他们能听我们的,和以前相比,有了天大的不同。"钟南山不无感慨地说道。以前像这样的国际性学术会议,中国的专家一般只有听会的份儿,很少有发言的机会。那次参加会议的有 80 多名中国留学生,是从美国各个州赶过来的。他们知道钟南山要做关于非典问题的报告,就都来参加。报告结束后,他们都没有走,一直陪着钟南山聊到很晚。他们觉得很自豪,也非常开心:"中国有了让美国人刮目相看的研究成果!"钟南山凭借严谨求实的科学态度,在世界上为树立中国良好形象作出了自己的贡献。

经历了 2003 年春天的风雨洗礼,钟南山已经成为人民心目中高高飘扬的一面旗帜,成为民族精神在抗击非典这一特殊时期的象征。"面对突如其来的非典疫情,他冷静、无畏。他以医者的妙手仁心挽救生命,以科学家实事求是的科学态度应对灾难。他说:'在我们这个岗位上,做好防治疾病的工作,就是最大的政治。'这掷地有声的话语,表现出他的人生准则和职业操守。他以令人景仰的学术勇气、高尚的医德和深入的科学探索,给予了人们战胜疫情的力量。"这是央视"感动中国 2003 年度人物"评选颁奖典礼给钟南山的颁奖辞。2004 年 7 月 20 日,在第七次全国归侨侨眷代表大会上,时任中共中央总书记、国家主席胡锦涛,亲自为当选"全国侨界十杰"之一的钟南山颁奖,并对他说:"你在非典防治中作出了突出贡献,人民感谢你!"《人民日报》如是评论:"在抗击非典的搏杀中,钟南山院士用他大无畏的献身精神、实事求是的科学精神、拯救生命于死神的博爱精神,告诉了我们,什么是医生的天职。"

江城风云,国士无双

疫情从不与人类预约,2019年底一只"黑天鹅"突然飞入人们的视野。

最早报告不明原因肺炎的是湖北省中西医结合医院呼吸与重症医学科主任张继先。2019年12月26日,张继先医生在医院门诊先后接诊了4位发烧咳嗽的病人:一对老两口及儿子,还有一位华南海鲜市场的商户。12月28日和29日,门诊又陆续收治了3位同样来自华南海鲜市场的病人,症状和肺部表现与先前4位病人一致,并发现他们的肺部有着与其他病毒性肺炎完全不同的改变。当日下午,她就把情况上报医院,医院马上报告了区疾控中心,随即江汉区疾控中心就来做了流行病学调查。武汉市卫健委组织专家团队通过调查于12月30日15时10分、18时50分在系统内下发《关于报送不明原因肺炎救治情况的紧急通知》等两份部门文件。2020年1月8日,国家卫健委专家评估组初步确认新冠病毒为疫情病原。1月12日,世界卫生组织正式将引发武汉肺炎疫情的新型冠状病毒命名为"2019 新型冠状病毒(2019 - nCoV)"。

　　新冠疫情发生以来,钟南山始终密切关注着疫情的动向。2020 年 1 月 18 日上午 11 时刚过,国家卫生健康委员会给钟南山的秘书苏越明打来紧急电话:新冠疫情不明,请钟院士今天"无论如何亲赴武汉"。"国家的这件事情非常重要。国家需要我们去,我们必须今天就去!"钟南山迅速赶往广东省卫健委,参加讨论新冠肺炎疫情的会议。下午 4 时 30 分,会议一结束,他和秘书直奔广州南站,坐上了开往武汉的 G1022 次列车。

　　因为情况紧急且突然,钟南山一行人临时免票上车,时值春运,高铁票异常紧张,列车坐票早在一个多月前就被抢购一空了,乘务员后来在餐车的一角为他们找到了座位。近 84 岁的钟南山,每天精神抖擞地投入一线的科研和临床工作中,疫情发生后他一直带领团队进行相关研究,在国家需要之时再次临危受命,前往一线。一日的奔波让钟南山有些许的疲乏,他坐在列车位置上短暂地闭目休息,秘书苏越明拿起手机,把这一瞬间定格在了 2020 年 1 月 18 日晚上 9 时 15 分。"他已经很累了,但他从来都不会说。"这张照片和钟南山奔赴武汉的消息之后一起上了头条新闻。在钟南山"逆行"踏上疫情一线之后,《人民日报》零点在微博发出一条快评,一时间传遍中国大江南北。这条快评道出了国人对钟南山院士的敬佩,也道出了对所有"逆行"的白衣天使的感激:"17 年前奋战在抗击非典第一线,如今再战防疫最前线,84 岁的钟南山有院士的专业,有战士的勇猛,更有国士的担当。一路奔波不知疲倦,满腔责任为国为民,的的确确令人肃然起敬!感谢钟南山,感谢负重前行的医生,感谢所有为防控疫情而努力的人。万众一心,众志成城,打赢这场疫情防控战!"

2020年1月19日一早,国家卫健委高级别专家组成员一共6人汇聚武汉会议中心,组长为钟南山,组员包括袁国勇、李兰娟、高福、曾光、杜斌,当地卫健委的同志向专家组汇报疫情进展。20日早晨6时,钟南山早早又起来准备赴国务院向中央领导汇报疫情态势及防控建议的材料。几个关键问题一直在钟南山的脑海中徘徊:如何告知全民?因为说出"人传人"这样的话,是要负责任的!既然人传人,那么是怎么传的?通过什么途径?都传给了谁?传了多少人?将会演变成什么态势?怎样治疗?治疗需要多长时间?死亡的危险性有多大?

但是,尽管如此,钟南山没有犹豫,他主张首先必须向社会公布真实的情况,即使有再大的压力和风险他也不怕,要让民众心里有底,以达到全民防范,共同抗"疫"。

"不要去武汉,不要出武汉!"此时的会议上,以钟南山为代表的专家组还提出这一点,"要尽快建议民众"。国家卫健委肺炎疫情应对领导小组对外发出预警,各医院紧急开会,对外下放PCR(聚合酶链式反应)快速检测试剂盒。这一天,武汉市卫健委向国家卫健委通报,新增17例确诊病例。20日,国务院同意专家组的意见,将新型冠状病毒性肺炎纳入《中华人民共和国传染病防治法》规定的乙类传染病,并采取甲类传染病的防控措施,同时纳入《中华人民共和国国境卫生检疫法》规定的检疫传染病管理。当天晚上,钟南山接受央视《新闻1+1》节目的采访,与主持人白岩松连线。此时此刻的新闻直播,可谓万众瞩目。民众不约而同守在电视机前,关注钟南山说的每一句话。

新型冠状病毒存在"人传人";

已有 14 名医务人员被感染。

一时间,钟南山的声音传遍了千家万户:严防传染,没有特殊情况不要去武汉,不要出武汉,不要往人多的地方聚集,尽量不要外出,外出要戴口罩,勤洗手。钟南山的公信力在民众心中宛如一座丰碑:他讲的每一句话,都会使新闻立即冲上热搜。不仅如此,他的言论还影响着整个社会,成为影响整个疫情的风向标,因而那段时间新闻媒体随时紧盯着他的一言一行。

出于多方原因,医院给钟南山办公室所在的楼道又加了一道门。尽管疫情的相关信息需要发布,尤其是有关民众的卫生防疫,但钟南山嘱咐办公室尽量谢绝记者的采访。因为他实在没有时间,而且也没有心情。最关键的是,他不希望总是宣传他自己,"好像我是最棒的",他实在不能接受。他一再强调不要突出他个人,临床救治与科学研究从来都是团队的事,而非个人。

尊重事实,尊重科学,凡事须有根有据,这是钟南山一直以来的行为准则。钟南山与他的团队在卫健委的支持下,针对来自 522 家医院的 1099 名新冠肺炎患者开展临床医学调查研究。该研究证明新冠肺炎潜伏期中位数是 4 天;实验室检测阳性、影像学正常的病例,称为感染者,发展成为重症的病例才出现肺炎;初诊时候影像学是正常的,非重症病例中有 17.9%,重症病例中有 2.9%。此时的钟南山,在这项研究中明确表示：要区分"感染者"和"肺炎患者"。这个思路的方向，对整个决胜武汉抗"疫"，是关键性的。对于新冠肺炎，钟南山团队倾向在医学上使用"COVID‐19"这一名称，是因为该名称可以包括实验室检测阳性、有症状但无明显影像学表现的患者。这些患者不一定有肺炎表现，这是一线急需的合理治疗依据。此项研究还表示：临床医生要在更早期、疾病进一步发展前找出患者，并给予相应的处理。这一研究结果更加证实了钟南山一开始的判断：对新冠病毒感染者，必须做到"四早"，即早预防、早发现、早诊断、早隔离。这项研究还有一个惊人的发现：这1000多名来自全国各地（包括武汉）的确诊患者中，仅1.9%的患者在发病2周内有野生动物的直接接触史；在非武汉居民中，31.3%的患者去过武汉，而72.3%的患者接触过来自武汉的人。这1000多名受检患者中武汉当地居民占43.95%。这项研究进一步证实：此新型冠状病毒可以快速地在人与人之间传播。患者平均年龄为47岁，41.9%为女士，也就是说，男性多于女性。而患有如高血压、慢阻肺等常见病的中老年男性患病率更是高于女性。这一研究还有助于确定密切接触者的隔离时间。研究结果印证了相关的报道，如家族聚集性发病、无症状感染者可能传播等，因此，不排除"超级传播者"的存在。研究更证明呼吸道飞沫是新型冠状病毒快速传播的其中一个主要因素。该研究也报道了入院时，重症患者占15%。与非重症患者相比，重症患者平均年龄大7岁，常见疾病合并率更高，但两组的暴露史无差异。在治疗方案选择上，钟南山主张，使用中医药配合救治。他认为中药可以使轻度特别是初起发作的病情得到缓解和治疗。作为一名西医大家,多年来,从板蓝根、连花清瘟到玉屏风等中成药,钟南山都对其作出了肯定和大力推介,对于中医辨证施治的整体观,他也赞佩有加。2月28日,这项研究的成果正式发表在权威医学期刊《新英格兰医学杂志》上,它是钟南山与全国552家医院对此次疫情作出的重要贡献。

钟南山团队还陆续发表了不少疫情相关的成果,而其中之一就是结合人工智能改进了经典传染病学预测模型(SEIR)用于预测COVID-19流行曲线。传统SEIR模型在国外曾被用于社区流行病的预测及防控。但是,将它照搬到中国的此次疫情中,肯定是不准确的,因为这个模型的功能仅限于自然数据的采集。由于新冠病毒疫情具有未知性、突发性、高风险和蔓延快等特点,同时叠加春运高峰期间学生放假、企业员工回家过年等人员跨地域频繁流动等因素,给疫情防控带来了严峻挑战。钟南山团队,根据中国抗疫实际情况,为它加入了人为的“变量”:首先,我国从中央到地方对疫情的强力干预;全民动员、上下同心;有力的物资调配;有效的民众居家隔离等因素。其次,团队加上无症状传播期的特性,并结合中国特色的春运大迁移等因素。考虑到以上因素,为科学预测疫情发展走势,钟南山技术团队先后对疫情的流行趋势做出了两版预测。2月6日,功夫不负有心人,经过几天连夜奋战,预测研究取得了初步成果。第一版预测以1月11日至2月12日的数据作为输入数据进行研究,并根据改进的SEIR模型进行预测。结论显示,全国新冠肺炎疫情将在2月下旬达到高峰,4月底趋于平缓。如管控措施推迟5天实施,中国的疫情规模预估将扩大至3倍。3月初,阐述以上预测内容的论文《基于SEIR优化模型和AI对公共卫生干预下的中国COVID‐19暴发趋势预测》在 *Journal of Thoracic Disease*（《胸部疾病杂志》）上正式发表。该文章提出了基于大数据改进SEIR预测模型,并提出了数据受限条件下的人工智能LSTM预测方法。这是钟南山领衔的广州医科大学第一附属医院和广州呼吸健康研究院的全体科技工作者用自己的亲手实践,将接地气、解危困的科学论文书写在祖国的大地上。

为了更精准地判断疫情发展的各个关键节点,钟南山团队迅速着手实施了第二版预测。该版预测通过机器学习构建了人工智能模型,同时改变了此前的鉴别方法,以1月11日到2月17日的数据作为输入数据进行研究。2月9日前,使用"新增确诊人数"作为训练数据进行预测;2月13日后,采用"累计确诊＋新增疑似－死亡人数－治愈人数"作为训练数据进行预测。结论显示,全国疫情将会在2月20日左右达到拐点,最终全国确诊病例8万例左右。纵观疫情实际走势,2月20日左右,湖北省以及全国范围内,确诊病例、疑似病例显著减少,疫情出现明显拐点。截至3月26日10时,全国累计报告确诊病例81 960例。以上均与钟南山技术团队作出的预测十分接近,这也说明了其疫情预测模型的准确性。虽然两版预测采用的监测方式不同,但是采用的预测方法是相同的,都是在原始的SEIR模型上引入迁入和迁出人数。事实证明,钟南山团队的两版预测与疫情实际走势十分吻合,为新冠肺炎疫情防控策略提供了参考,为政府作出科学、全局决策提供了科学依据。钟南山团队为中国抗击新冠肺炎疫情的战略支持作出了不可替代的贡献。

疫情发生以来，广大中国民众相信钟南山，"只要是钟南山说的我都信"，而他也不负众望，没有辜负人民的期许。而在国际方面，他以科学家的担当，置身国际抗疫舞台，用中国经验连起世界。"通过交流能够使其他国家少走弯路，这非常重要。"钟南山在回答欧洲新闻通讯社记者提问时说道。

2020 年 3 月 11 日，钟南山院士应邀向欧洲同仁全方位解析新冠肺炎，会上他以"中国对新冠病毒感染的防控经验"为主题，科学详尽地介绍中国在防控新冠疫情过程中具体的处理方法，就病毒特性与宿主溯源方面的研究进展进行解读，整个现场情况通过各路媒体传遍世界。钟南山提出的科学经验、科学数据和方案，让国际同行深深敬佩。3 月 12 日北京时间的晚间，在广州医科大学附属第一医院，钟南山又和医院重症监护团队与美国哈佛大学医学院及美国重症监护方面的专家进行多方视频连线。钟南山和团队与美国专家们首先分享了我国在新冠肺炎患者特别是重症、危重症患者救治方面的经验以及药物、治疗方案等。会议中，钟南山团队介绍了新冠肺炎重症和危重症患者的临床发现和治疗难点。这已是钟南山团队与哈佛大学医学院的第四次视频连线。3 月 19 日下午，广州市第 46 场疫情防控通气会上，钟南山又一次非常认真地说："不单要注意有症状的人，还要注意密切接触者。"他再次提醒：世界各国都应该注重他所提出的"四早"，要联防联控，只有国际大联合，才能共同战胜疫情。科学无国界，疫情是人类共同的敌人。本着医学研究者的严谨与责任,钟南山在国际舞台上,展现了中国科学家的专业精神与不俗风范。

不管是非典还是新冠肺炎,钟南山一直站在抗疫的第一线,敢医敢言。在抗击非典的过程中,钟南山的治疗方法开创性地使用了非侵入性通气技术;在新冠肺炎的抗疫战中,他第一个提出"人传人"现象。2020年3月,清华大学人文学院彭林教授在接受访谈时,被问到一个问题:钟南山被称为国士,是否合适?彭林教授回答:你看看老百姓的反应,现在钟南山说的话基本老百姓都是信的。这个人是有操守的,操就是拿,人家手上是有道德的,而且不是拿了两天就放下的。古之善为医者,上医医国,中医医人,下医医病。钟南山身上最突出的两个特质就是对真理的追求和对祖国的热爱。大国卫士,国之幸也。

南山风格,大医典范

习近平总书记说:"广大科技工作者要把论文写在祖国的大地上,把科技成果应用在实现现代化的伟大事业中。"2016年,钟南山在接受采访时说:"我对习近平总书记这段话非常认同,我是搞医疗的,在进行诊断、预防上得让老百姓得益。"钟南山反复对同事说:医者要"顶天立地"——"顶天"就是要把目光瞄向全世界;"立地",就是接地气,让老百姓看得起病,用得起药,把治疗效果良好而且安全作为评判医者的标准。

父母的言传身教,对钟南山影响深远。父亲钟世藩曾对他说:"所谓医者本分,就是治病救人。"而他经常挂在嘴边的一句话就是:"我想来想去,只不过还是个医生。"20 世纪 70 年代,钟世藩看到中国广大基层医院很难用到先进仪器,儿科门诊还停留在原始的症状、体征问诊上,所以就想写一本书,把这辈子积攒下的经验留下来,给大家提供一些参考。他天天在广州市图书馆查资料、做笔记,每天最早到,最晚离开。当时,钟世藩的视力已经很差了,两眼有复视,看东西重影,所以只能用手捂着一只眼睛写,累了就再换另一只。后来视力实在不行了,他就把整个脸贴在桌面上。钟南山见父亲如此辛苦,非常心疼地说:"爸,你不要写了吧!"钟世藩有点生气,回答说:"不写干什么? 等死吗?"然后,他对钟南山说了一句:"一个人活在这个世界上,如果能留下点什么东西,那他才算没有白活。"已经不惑之年的钟南山听到这句话,深受震动,从此,这句话也成了他的人生追求。钟南山教导自己的子女也坚持两个原则:第一,要永远有执着的追求;第二,办事要严谨,要实在。看事情或者作研究,要有事实根据,不轻易下结论,要相信自己的观察。钟南山一生记住的是父亲对他的期待——一个人对社会要有所贡献,不能白活。

无论是在抗击非典还是抗击新冠肺炎疫情的战斗中,抑或是在平时的工作中,钟南山都坚持在救治病人的一线,通过查房、坐诊等跟病人面对面的方式,获取得出结论的证据。

"医学是一门实践性科学,我的很多想法甚至灵感,或者一些科研题目,都是从临床实践里来的。"钟南山说。行医几十年,钟南山的名气越来越大,特别是在呼吸系统疾病的研究与治疗方面，已成为国内有名的专家。但在病人面前，他却从来没有一点架子。钟南山在他题为《我的信仰和追求》的文章中写道："如果一生把病人视为亲人，就会对病人倍加关心，就会想方设法为病人解决难题。会把一切名利、得失和风险抛在脑后。"对个别医生索取红包礼物的行为，钟南山深恶痛绝，"医生的天职就是救死扶伤，不能有任何折扣。你选择了这个职业，就必须具备这个水平"。他自己也有时会遇到病人出于感激而向他送东西、送红包的事，他总是婉言谢绝。他常说，病人的信任，是对医生最大的回报。他这样用心来说服病人，也这样教育身边的医护人员。在钟南山身边工作的人员都知道他有一句名言：看病只看病情，不看背景。他还有著名的"三个一样"——高干、平民，有钱、无钱，城市、农村，一样地热情耐心，一样地无微不至，一样地负责到底。他是这样说的，也是这样做的。钟南山每周出诊一次，每次一下午。有一次他出完诊，一个同事在电梯间对他讲：您坐诊期间就上了一次厕所。他说：不敢多喝水，多喝水就不行。他其实是为了把更多的时间留给病人。

钟南山无论是担任研究所所长，还是担任医院院长、学院院长，无论走到哪儿，都有计划地着手建立人才梯队。他就像一名苗圃的园丁，不停地播种、培育。他在培养学生方面有自己独特的见解。他要求学生"在学习上有独立性、在工作上有创造性、对病人有责任心、对环境有适应性、在集体中有合群性"，成为"肯于、能于、善于"的医学人才；他非常重视培养学生的思想政治素质，虚功实做，通过强调"学做人、学本领"的统一，把学生思想政治工作融入"全程德育"的教育实践中。钟南山就是这样，以自己严谨的治学态度和倾心倾力的精神来影响、教育学生。他带教学生，总是无私地把自己的知识传授给他们，而成果发表后，却常把自己的名字排在最后。很多学生已成为所内或其他医院的业务骨干，挑起了学术和业务大梁，先后有多人的成果获得国家级、省市科技进步奖等奖项。每当有国外的专家来研究所考察、交流时，钟南山大多让他的学生向来宾们介绍所里开展研究的情况。学生们流利的英语、扎实的专业知识、高难度的研究课题、丰硕的成果，总让国外的朋友称许：一流的研究所，出一流的人才。在 2020 年广州医科大学的毕业典礼上他对青年学生说了这样一番话：现在我的时间不多了，但是我还是有目标，一定要往前走，在关键的时刻，在生与死的时刻，在生命的面前，医生的良心是最重要的。

一位记者曾直接问钟南山："我看过众多资料，也在不同的场合，侧面了解到您的行为处事，对'南山风格'也有一定的了解。但我没有听过您对这一提法的意见，很冒昧地问一下，您对'南山风格'的内涵是如何理解与归纳的？"钟南山笑着说："就是'奉献、开拓、钻研、合群'吧。"在钟南山的人生辞典里，奉献、开拓、钻研、合群，有着重要的意义。而在思想意识的深层，钟南山这样表达他的想法——我对自己所从事的医研专业越来越热爱，对提高专业水平的渴望也越来越强烈。这个动力来自对病人求生愿望的理解，来自对解除病人痛苦的责任感，也来自为病人治好病后所得到的安慰和鼓励。科研是医学家的天职，但不是医学家的最终目的，医学家的最终目的是造福病人。

怀着深切的报效国家、服务社会的意识,恪守科学精神,求索真知,通过坚持不懈的努力,挑战难关,造福病人,从永不言休的进取和奉献中获取无穷的快乐——这就是南山风格,这就是钟南山。

◆ 参考文献 ◆

[1] 叶依. 你好,钟南山[M]. 广州:广东教育出版社,2020.

[2] 魏东海. 还是钟南山[M]. 北京:中国青年出版社,2015.

[3] 张丹丹. 星汉灿烂　若出其里——共和国勋章获得者钟南山的家国情怀[N]. 学习时报,2020 - 09 - 30(6).

[4] 姜晓丹,贺林平. "共和国勋章"获得者钟南山——大医精诚写大爱[N]. 人民日报,2020 - 09 - 09(6).

[5] "感动中国"共和国 100 人物志丛书编委会. 科技中国[M]. 广州:广东教育出版社,2009.

[6] 江潜. 东方封面——激扬历史的人物[M]. 上海:复旦大学出版社,2004.

[7] 钟南山:"共和国勋章"当之无愧[EB/OL]. (2020 - 12 - 06)[2020 - 12 - 08]. http://news. cnr. cn/native/gd/20201206/t20201206_525353994. shtml.

钟南山:大医精诚写大爱　两经国难见精神